智慧型班主任实践丛书

丛书主编◎李伟胜

用师生交往
激活学生群体交往

李伟胜◎著

班主任工作的教育思路

华东师范大学出版社

·上海·

图书在版编目(CIP)数据

班主任工作的教育思路/李伟胜著. —上海:华东师范大
学出版社,2013.6
(智慧型班主任实践丛书)
ISBN 978 - 7 - 5675 - 0943 - 6

Ⅰ.①班… Ⅱ.①李… Ⅲ.①班主任工作 Ⅳ.①G451.6

中国版本图书馆 CIP 数据核字(2013)第 142765 号

本丛书是上海市 2010 年社科规划一般课题《以新社会组织发育为背景引领高中生
自主建设学生组织的研究》(项目批准号 2010BJY005)的研究成果。

班主任工作的教育思路

撰　　著　李伟胜
责任编辑　吴海红
责任校对　王　溪
装帧设计　卢晓红

出版发行　华东师范大学出版社
社　　址　上海市中山北路 3663 号　邮编 200062
网　　址　www.ecnupress.com.cn
电　　话　021 - 60821666　行政传真 021 - 62572105
客服电话　021 - 62865537　门市(邮购)电话 021 - 62869887
地　　址　上海市中山北路 3663 号华东师范大学校内先锋路口
网　　店　http://hdsdcbs.tmall.com

印 刷 者　苏州工业园区美柯乐制版印务有限责任公司
开　　本　787毫米×1092毫米 16 开
印　　张　8
字　　数　132 千字
版　　次　2013 年 9 月第一版
印　　次　2023 年 7 月第五次
书　　号　ISBN 978 - 7 - 5675 - 0943 - 6
定　　价　25.00 元

出 版 人　王　焰

(如发现本版图书有印订质量问题,请寄回本社客服中心调换或电话 021 - 62865537 联系)

序

在持续十余年扎根班级管理实践开展学术研究的过程中,我非常钦佩各位班主任的敬业精神。随着研究不断取得进展,尤其是看到许多优秀班主任的创造,我看到一个越来越清晰的发展方向:这个时代更需要"智慧型班主任",而不仅仅是"勤奋型班主任"和"爱心型班主任"。

"勤奋型班主任"的典型特征是为应对层出不穷的各项班级事务而勤劳工作,甚至为此而每天提前上班、推迟下班;"爱心型班主任"的典型特征是对学生的无限关爱,乃至事无巨细、人无远近,解决学生遇到的麻烦的最高对策就是教师的爱心。事实上,无论是"勤奋"还是"爱心"都不是教师的专业特征,而最多只能是非专业特征,即适用于其他任何职业或专业的特征。相比之下,"智慧"——用先进的教育思路和系统的教育方法为其内涵的专业智慧,才是作为专业人士的班主任最应该彰显的专业特征。这就意味着,我们的工作效率很高,可以潇洒地按时上班和下班,从而超越"勤奋型班主任";这也意味着,我们可以超越"爱心型班主任",充分利用"生生交往"来激发每一位学生"个体自主",让学生的生命活力得以相互激发,而不必等着一位班主任或更多教师广施爱心。

要让专业智慧成就专业人生,我们不仅需要在日常工作中形成超越"勤奋型班主任"和"爱心型班主任"的实践方略,而且还需要用研究的心态来面对充满活力的班级生活——这就是我们主张智慧型班主任"实践创新"的两层含义。为此,这套丛书力图探索的不仅是处理班级事务的具体技法,更多的是激发学生参与班级建设的"教育思路"、"系统方法"、"整体计划"。不仅如此,所有这一切宏观的战略、中观的部署都要化为微观的活动,但这种具体的活动已经超越了琐碎的、就事论事的格局,汇成了班级生活中的"系列活动",帮助学生敞开奏响心灵之歌、汇成生命乐章的新空间。

实际上,这套丛书得以形成,不仅得益于作者深入中小学实践中开展的班级建设研究,更得益于和我们一起合作研究的诸多班主任的创新之举。在合作研究中,这些班主任不满足于勤奋地应对事务、不满足于用一个人的爱心来解决所有人的发展问题,而是努力探索能够适应这个时代的新的教育智慧。他们发自内心的真诚而富有灵气的专业追求、他们发动学生开展的真切而富有活力的班级活动、师生共同创造的真实而充满豪情的发展成效,让我们看到了这一领域中充满希望的新空间。正是在这样的希望空间中,才有可能出现新的班主任、新的班级、新的教育思路、新的教育方法、新的生命品质。

在这样的希望空间继续前行,我们会为自己是"智慧型班主任"及其同路人而更加自豪。

李伟胜

2013 年 8 月

目　录

导言

　　暴风雨后的一个早晨,有人在海边看到一个小男孩不停地在每一个小水洼旁弯下腰去捡起水洼里的小鱼,并且用力地把它们扔回大海。他走过去告诉小男孩:"孩子,这水洼里有几百几千条小鱼,你救不过来的。""我知道。"小男孩头也不抬地回答。男人好奇了:"哦? 那你为什么还在扔? 谁在乎呢?""这条小鱼在乎!"男孩一边回答,一边拾起一条鱼扔进大海,"这条在乎,这条也在乎! 还有这一条、这一条、这一条……"

　　许多人都被这个故事感动了,因为小男孩对每一条鱼的珍视与拯救。如果我们从教育的角度来看这个故事,也许还可以有一个新的思考方向:每一条鱼到哪里才算得救? 显然,珍视,甚至爱护每一条鱼的最好方式,不是捧在男孩的手心,也不是放在鱼缸里,而是要把它放回大海。

　　如果进一步以此为参照来看班主任工作中的教育真谛,我们会发现:许多教师的宝贵经验正在于关注每一个学生的精神生命,但是他们关注的方式可能存在差异。有的教师以自己的全部身心去爱和呵护某些特别的学生个体,有的教师辛勤地关注班级中的每一个学生,而有的教师则首先关注"班级",并以此为基础来关照每一个学生。相比之下,最值得欣赏的当然是最后一种选择,因为它不是把每一个学生看作孤立的个体,而是看作与同伴共同畅游在"大海"中的、在一个最亲密的"生态系统"中与其他同学交往共生的生命。诚若如此,也许就不会出现"几百几千条小鱼,你救不过来"的局面,因为每一个个体都可以自主畅游在"大海"中,而非被动地等着被拯救——这种选择,正是本书力图阐明并论证的"智慧型班主任"应有的教育思路。这也是从一些优秀班主任的经验中生成并得到检验的、体现先进教育思想的教育思路。

简单地说,辨析"智慧型班主任"的教育思路,需要把握两个关键概念:其一是"(学生的)发展机制",即作为发展主体的学生在班级中通过群体交往而促进个体主动发展的机制;其二是"(教师的)教育思路",即作为教育者的教师,特别是班主任,如何利用"(学生的)发展机制"来促进学生发展。我们可以通过图0-1来更清晰地理解这两个概念。

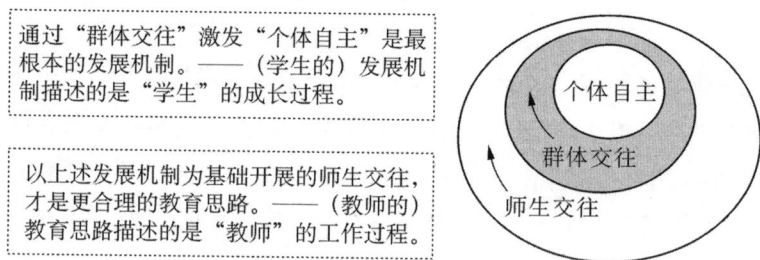

通过"群体交往"激发"个体自主"是最根本的发展机制。——(学生的)发展机制描述的是"学生"的成长过程。

个体自主

群体交往

师生交往

以上述发展机制为基础开展的师生交往,才是更合理的教育思路。——(教师的)教育思路描述的是"教师"的工作过程。

图0-1 班级管理的教育思路示意图

在以两个内圈为代表的"(学生的)发展机制"中,发挥主要作用的不是教师,而是学生个体和学生群体。相比于学生的同伴,教师固然是学生所在班级这个群体的一个成员,且能发挥独特的功能,但它不能取代学生同伴的交往功能。恰恰在这一点上,相当多的勤奋工作、充满爱心,或借用政治学意义上的"民主"概念的教师有可能越俎代庖了。也恰恰在这一点上,我们倡导的建设"民主型班级"所需要的教育思路有不同的选择:教师既不推卸自己的教育责任,又不过度尽责,以免遮蔽了学生的自主交往空间和自主发展机会。教师需用更高的专业智慧恰如其分地尽到教育责任,用师生交往激活生生交往,进而促进个体自主,而不是越过生生交往,直接促进每个个体的自主发展。也就是说,班级管理的教育思路实际上包含了图0-1中三个圈之间两个箭头所代表的两个层次的激发作用。它们不应相互替代。

从"智慧型班主任"的角度来看,把每一位学生的"个体自主"纳入到"群体交往"这一正常的成长生态之中,恰好是敞开学生的无限生机、解放班主任自己的成功之道。在这条宽阔的专业大道上,班主任可以走出过于神圣化,甚至带有"个人崇拜"(或自我圣化与自我崇拜)嫌疑的"上帝"、"太阳"等职业定位,可以逐步淡化用"勤劳奉献"、"无限关爱"、"处理具体事务时的灵巧机智"等形象标识,因为这些因素不足以见证教师的专业尊严,最多只能证明"非专业"的尊严(虽然这种人性尊严也是很高贵的)。与此同时,班主任可以从"紧紧牵着学生的手"的工作状态走向更有生机的、体现教育真谛的"逐步放开学生的手"和"让孩子们学会手牵手"的希望空间。

采用这样的教育思路,我们就可以期待:无论是在精神上还是在生理上,都极大地减轻了班主任的个人负担(包括确保每天能够按时下班、享受正常的业余生活),进而敞开新的专业发展空间,带领学生,而不是替代学生,创造班级生活的新资源,共同享受更高境界的教育生活带来的成就感、自豪感、尊严感。教师的敬业,就应该把专业做到让人佩服,而不只是赢得别人非专业的赞赏、感动或同情——这,就应是"智慧型班主任"的形象标识!

第一章
从相似的活动案例辨析不同的教育思路

　　班主任从事的班级管理有很多工作内容，甚至显得比较繁杂。若要走出疲于应付的困境，形成系统而高效的工作局面，显然需要超越具体事务，形成更精炼的工作思路。这样的教育思路，可以通过对三个相似的班级活动案例的比较而逐步辨清。

　　从一名班主任的角度来说，透视不同选择的最好办法就是聚焦学生成长中的一个发展问题，看看不同的教师会有什么不一样的视角、思考和行动。就本章来说，我们选择的发展问题是从小学、初中到高中的学生都有可能遇到的一个问题，即如何处理自己和父母之间的沟通问题。实际上，随着孩子逐年长大而带来的心理变化，以及随着成长环境变化而带来的复杂情形，亲子之间出现沟通障碍，乃至出现离家出走等极端情形，这已经成为许多人（不仅仅是学生和教师）感到棘手的问题。因此，这可以成为一个很好的平台，用来敞现人们在定位班级管理、选择教育思路和工作方法时的不同选择，从而便于理解"班级管理的专业性"或"班主任发展"的内涵与外延。

　　不少优秀班主任都将"亲子沟通"放在促进学生精神生命发展的教育视野之中。在诸多这类资料中，我们找到了与"亲子沟通"有关的三个主题班会的案例，它们分别呈现出"充满爱心的教师主导"、"教师引领的学生参与"和"教师推进的群体交往"这三种教育思路。分别来看，它们各有其合理性。不过，若将它们相互比较，我们会看到：不同的教育思路实际上着眼于不同的发展领域、着力于不同的发展方式，因而也产生了不同的教育效果。这有助于我们根据学生的发展需要作出更合理的选择。

一、三个主题班会呈现的三种教育思路

（一）"要爱你的妈妈"——教师充满爱心地主导

"要爱你的妈妈"是 1998 年 4 月在四川省成都市石室中学逸夫楼讲演厅举行的一次初中一年级的主题班会。班主任是著名的特级教师李镇西老师。[①]

1. 班会的基本过程

在这次班会之前，班主任李镇西老师布置每位家长写一篇以《我为我的孩子而……》为题的"作文"。"而"什么呢？或者"自豪"，或者"欣慰"，或者"遗憾"，或者"伤心"，或者"一把鼻涕一把泪"……以这些文章为依据，结合平时对学生进行的研究，李老师对每一位同学的亲子交往状况有了充分的了解。这成为整个班会得以顺利进行的重要前提。

在现场举行的班会全过程大致可以分为四个环节：

（1）揭示本次班会的主题

李老师在介绍了前期准备的情形后，说明了这次班会的性质：这个班会课，也是评讲家长"作文"的语文课。然后，他解释了班会题目"要爱你的妈妈"的来历：它是苏联一所名闻全球的农村中学——巴甫雷什中学校长、杰出的教育家苏霍姆林斯基制定的校训："要爱你的妈妈"。在进一步的沟通中，大家明白：这里的"爱妈妈"，实际上包括了要爱家里所有长辈的意思。

（2）表扬孝敬长辈的同学

首先，班主任现场调查同学们的一些相关信息，引导学生思考对父母的爱。这包括：请知道自己爸爸妈妈生日的同学举手，请上个月郊游后回家自己洗衣服、平时自己洗衣服的同学举手，思考自己的名字是否"寄予了爸爸妈妈对自己的期望"。在这个过程中，教师相机教育学生，例如："平时你们爸爸妈妈下班回来以后，也很累呀，你们想过给爸爸妈妈洗衣服没有呢？所以，爱自己的父母，就应该从这些小事做起。父母抚养孩子不容易啊！从你们出生起，就不知操了多少心啊！"（学生长时间地沉默。）

[①] 参阅李镇西：《做最好的班主任（修订本）》，北京：文化艺术出版社，2010：293—307。

其次，让两位同学分别读一则外国故事，然后表扬这两位同学对父母的孝敬。第一位同学向启读了一篇美国故事（10 岁的小男孩洛迪在洪水突然来袭时保护妈妈、鼓励妈妈的故事，他自豪地说："我是一个男子汉！"）。在"众长时间地鼓掌"之后，李老师说道：读这篇故事的向启同学也是他妈妈心目中的男子汉，因为他的妈妈在《我为我的向启而自豪》的文章中写道："我为我的儿子向启而感到自豪。……他富有同情心，善良，正直，有礼貌，孝敬父母及老人。"接着，李老师发出号召："让我们向他表示敬意！"（众鼓掌。）类似地，第二位同学李翱读了意大利作家亚米契斯的《爱的教育》中的一个情节，在"众鼓掌"之后，李老师也转述了李翱的妈妈在文章中所写的李翱在家中关心父母的事例，并予以表扬。（众鼓掌。）

再次，采访让妈妈感到欣慰的一个孩子和他的家长。李老师引导学生关注中国同类的动人故事（如"孔融让梨"），进而关注身边同学孝敬父母的感人事迹。随后，他让同学们一起听一位母亲的述说（播放录音《我为我的孩子感到欣慰》），并在采访这个孩子（叶诚同学）时让大家看到他如何面对妈妈的误会（感到委屈并与妈妈争吵，但随即冷静下来，待妈妈情绪平静后再说明情况，母子互相理解）。（众鼓掌。）接着，李老师结合叶诚进初中半年以来在课堂发言方面的进步，表扬他"在学习上不畏困难，战胜自己"，并现场采访叶诚妈妈"对儿子进行孝心教育的秘诀"。叶妈妈回答："言传身教。"（众鼓掌。）李老师随即就叶妈妈孝敬长辈的情况进行点评："这，就是无声而最有效的孝心教育！"（众长时间地鼓掌。）

最后，李老师通过朗读八位家长的文章来依次表扬了八位同学。教师读完每一篇之后，同学们的表现分别是"众沉默"或"众长时间热烈地鼓掌"。

（3）激励部分学生改正缺点

在表扬了多名学生之后，李老师说："如果我们每一个同学的家长都有这种'欣慰和自豪'，那该多好啊！遗憾的是，有一部分家长正为自己的孩子而忧虑！这里，我不点名地念几位家长的文章。"他念了三位家长所写的内容，播放了一位父亲的录音——《我为我的儿子感到担忧》，又念了一位母亲的文章——《我为我的儿子感到伤心》，并相机予以充满爱心和期待的点评。其间，同学们的表现是"众笑"、"长时间地沉默"，或者是响应李老师的号召，为勇敢承认错误或有明显进步的同学"全场长时间地鼓掌"。

（4）倡导学生"爱自己的妈妈"

在针对一些同学出现过的缺陷作了上述点评之后，李老师说："说到安金鹏，同学们可能还记得，安金鹏同学生活在一个十分贫寒的家庭，但他为自己有一个虽然贫穷但非常坚强而又高尚的母亲感到自豪。他认为，对母亲最好的报答，就是用自己勤奋的学习为国争光！后来他获得了国际奥林匹克数学竞赛金牌后，首先想到的就是把金牌挂在妈妈的脖子上。"（众沉默。）接着，李老师介绍了艺术家新凤霞、国家领导人邓小平孝敬长辈的故事。（众长时间地沉默。）

在班会最后，李老师说："请同学们思考一个问题：回家以后，我应该为爸爸妈妈做些什么？在班会就要结束的时候，我给大家布置一道作文题——《写给爸爸妈妈的一封信》，谈谈你们听了或者读了爸爸妈妈文章后的感想。……但愿我们的同学能够从现在做起，从小处做起，从小事做起，爱自己的妈妈！好，今天的班会到此结束。"（众长时间地鼓掌。）

2. 班会中的教育思路：教师激发与号召，学生感悟并响应

对于上面这个精彩的班会案例，我们可以从多个角度来欣赏，并由此获得新的启发，例如前期的充分准备、现场的热烈反响、教师的智慧话语、学生的真情实感……不过，从本书论述主题"班主任工作的教育思路"这一角度来看，我们可由此案例辨析三个方面的特征。

（1）在辨析发展问题时了解学生的真切需求

"要爱你的妈妈"这个主题班会力图解决的发展问题[①]是：让学生孝敬长辈的情感得到激发，并付诸具体的日常行动。就案例呈现的内容来看，这又包含两个方面的发展需要：其一，"缺失性需要"。部分同学在孝敬长辈方面做得不够好，甚至让父母伤心和失望，为弥补这类缺陷而改正其中的错误，就属于对"缺失性需要"的发展。其二，"维持性需要"。一些同学在跟父母的交往中已经表现得很好，乃至让父母感到自豪，这些同学继续努力、其他同学也如此孝敬父母，就属于维持正常状态的发展需要。

[①] 在更开阔的视野中看待学生的"发展问题"时，常见的情形是关注学生的缺陷或不足，把弥补缺陷、改正错误看作"（不够好的）发展问题"；相比之下，我们更主张把鼓励上进、追求高尚看作"（更好的）发展问题"。实际上，即使是改正错误这类发展问题，本身也应包含追求高尚的因素；否则，就缺乏辨析错误、倡导正确方向的标准、动力和途径。

处理类似问题时,许多教育活动往往关注"缺失性需要",而班会"要爱你的妈妈"则关注到了更高层次的发展需要,从而呈现出更为合理的教育。在这里,班主任不是用预先规定好的固化标准来进行说教,也不是只盯着学生的不足或错误,而是通过前期的充分准备来了解学生在亲子交往中的真实情形,并在此基础上关注学生成长中出现的真实问题,将其聚焦到"要爱你的妈妈"这句话中。与此同时,也开发出了源自学生家庭生活的教育资源,这就让教师力图通过班会解决的学生发展问题拥有了最有价值的基础——学生的真实生活。于是,在班会中进一步挖掘或激发而生的学生真切体验也有了根基,看起来通用于所有学生的"孝顺父母"的教育要求也就在此过程中转化为对这个班级的学生而言独特的成长需要,进而生发出独特的成长体验。这,才是当代先进的教育应该追求的。

(2) 在理解发展机制时关注学生的自主成长

在教师充满爱心的主导之下,在解决前述发展问题时,学生一方面体验并认识到在孝敬长辈方面需要弥补的不足或需要改进的缺点,另一方面也看到可以在"让父母自豪"等方向继续努力的空间,并在此基础上,自觉地将孝敬长辈的道德要求化为日常行动。学生的这些发展成效表明,这次班会确实起到了帮助学生激发情感、澄清观念、选择行动的教育作用。

站在发展主体——学生的角度来看,他们在这次班会中究竟是如何得到发展的呢?换言之,他们在这次班会中的"发展机制"体现在哪些方面呢?

与通常见到的居高临下的说教或就学生发展问题而展开的"忏悔式"教育(有的班级甚至将其推向极端、让学生通过痛哭流涕和当众下跪来表达忏悔)相比,我们可以看到,"要爱你的妈妈"这次班会利用了更为合理的自主发展机制。具体来说,主要表现为如下两个方面。

其一,尊重每一位学生的主体地位。每一位学生个体的具体情况,不仅被班主任关注到,并得到精心的研究和处理(包括将全班学生这方面的发展情形进行分类,并以此为依据设计班会的各个环节),而且得到了同学们的关注和思考。可见,在教师精心策划的教育活动中,每一位学生的主体地位都得到了尊重。这显然超越了常见的泛泛而谈的班会,即将适用于所有学生的教条拿来宣传(甚至看不出对小学生、初中生、高中生的教育要求有什么不同)。

其二,激发真切的体验和感悟。在开发丰富而真实的教育资源的基础上,教师以之为着力点,深入到学生的内心世界,有针对性地激活每一位学生的情感和思考。这显然不同于常见的居高临下地颁布规定或自外而内地灌输教条,因为它体现出新的教育理念,让学生的发展切合学生的心理特征,特别是初中生的成长规律。

(3)在选择教师作用时致力于激发学生的主动探索

就学生的"发展机制"展开的上述探讨,已经涉及在"学生个体"和"学生群体"发挥更为主动作用的"教师"的作用了。在"要爱你的妈妈"这次主题班会中,李老师发挥的作用超越了诸多同类班会中出现的道德说教、权威训导、机械灌输、强制行动等情形。具体来说,班主任李老师的作用体现在如下两个方面。

其一,研究学生真实生活,准确把握学生状况。在班会之前发动家长写文章、整理由此呈现的学生成长信息、在班会中准确地针对每一位学生的实际情况展开对话,这些都表明班主任对学生有充分的研究。这与李镇西老师本人"做最好的班主任"的追求是一致的。他尝试将班级的"人治"转为"法治",把所有班级事务交给学生,这让他由"学生保姆"还原为"灵魂工程师"、"学生精神家园的关怀者"。此时,"我从繁重的班级事务中获得解放后,并不是无事可做,而是将自己的精力投向更有价值的教育领域:研究学生,真正走进学生的心灵。我结合自己的教育实际和学生的具体情况,搞了大量有关学生教育的调查、分析、研究,并尽可能地深入学生心灵。多年来,我坚持每天至少找一位学生谈心;常常在星期天约学生出去游玩,自然而然地把握学生的思想情感脉搏……"[①]显然,在这次班会前,李老师也充分地研究了学生情况。

其二,全面开发教育资源,整体设计班会活动过程。在了解并借用外国名校的校训"要爱你的妈妈"、精心开发家长视角下的学生成长信息、精心挑选外国故事的基础上,教师还着力在班会过程中通过充满激情和艺术韵味的讲评、采访,和对学生的评价、鼓励,激发学生和家长参与交流,从而生成新的教育资源。这些构想最终落实为班会的四个主要环节:揭示班会主题、表扬孝敬长辈的同学、激励部分学生改正缺点、倡导学生"爱自己的妈妈"。其中,在表扬优点和督促改正缺点这两个环节,充分、具体而恰当地引用了前期准备时开发的资源,并灵活地组织现场互动(此时李老师作为语文

[①] 参阅李镇西:《做最好的班主任(修订本)》,北京:文化艺术出版社,2010:97。

特级教师的口才和现场激发学生情感的能力得到了充分发挥），用心激发学生的内在感悟。整个班会的全部过程非常流畅，同时又有清晰的层次，并且在逐步推进时有实质性的内容，充分体现了教师的专业智慧。

通过对上述三个因素（发展问题、发展机制、教师作用）的辨析，我们可以看到，"要爱你的妈妈"这一主题班会比较充分地体现了教师的主导作用，包括事先对学生的研究、对班会主题的选择、对班会过程的设计与实施、为每一位同学的情况提供有针对性的教育……这就是本次班会中运用的教育思路——教师充满爱心地主导。

这个案例表明，由于李老师充满爱心地关注学生、研究学生、提供个性化的教育资源、用充满睿智的语言点拨学生，因此在教师发出"要爱你的妈妈"、"从小事做起"等号召时，在点评家长"作文"、学生表现时，学生的感悟和响应取得了预期的效果。

(二)"从心开始，用爱沟通——如何与父母沟通"——学生在教师引领下充分参与

"从心开始，用爱沟通——如何与父母沟通"是由广西桂林第十三中学李妍老师带领学生举行的一次主题班会。①

1. 班会的基本情况

这个主题班会显然针对的是当代学生的现实需要——"面对学习压力和父母对其学习成绩的严格要求，学生对父母有一种或抵触或敬畏的情绪，他们大都反感父母的教育方式，难以忍受父母的'不理解'，易出现沟通障碍。"据此，在设计这次主题班会时，班主任提出："教师要以自己的真情实感调动学生的情感，通过有效的活动挖掘学生对情感的体验，获得对父母内心世界的理解，让他们懂得自己不应当只会接受父母的爱，还应当读懂父母的心，学会爱父母，体谅父母，同时还能学会运用一定的沟通技巧去有效地解决家庭矛盾。"

于是，这次主题班会的活动目标就被确立为三个：(1)让学生懂得亲情的珍贵，理解父母的心情和心理；(2)增进与父母沟通的意识，掌握一些与父母交流沟通的技巧；(3)让学生反省在处理与父母关系时的不良习惯与行为。

———————————

① 李妍："从心开始，用爱沟通——如何与父母沟通"，《班主任之友》(中学版)2010(8)。

从李妍老师发表的这篇案例来看,这次主题班会主要有三个环节。

(1) 情感体验,摆出沟通难题

班会开始时,教师读了一封家长来信,呈现出"一位无助的妈妈"面对孩子上初中以来出现的一些变化却束手无策的焦虑状态,并请同学们一起静静聆听家长认为"最能代表我们父母此刻的心情"的一首歌——苏芮的《亲爱的小孩》:"小小的小孩,今天有没有哭?是否朋友都已经离去,留下了带不走的孤独?……亲爱的小孩,快快擦干你的泪珠,我愿意陪伴你,走上回家的路!"

随后,教师让同学们谈一谈听了家长的这些话之后的感受,并顺势提出:"在家长的来信中,母亲是站在自己的角度来倾诉的,而孩子又是怎样想的呢?"由此请一位同学来读一篇学生写的周记——《爸爸妈妈,我想对你们说》,表达出"我们只希望得到一点点的理解和安慰"、"我真的渴望拥有与自己心灵相通的好爸爸、好妈妈"等愿望。

教师就此指出:"父母和孩子之间缺乏沟通(尤其是有效的沟通)"是造成上述情形的原因之一。然后,引出课前针对学生与他人的沟通情况所作调查的结果:在46个被调查者中,在回答"你认为和谁沟通最困难"时选父母的占65%,在回答"你最喜欢的倾诉对象"时选父母的只有11%。

(2) 三边互动,解决沟通难题

首先,请同学们一起观看情景动画《孩子迷上网络游戏》,展示有效沟通的方法。在正式观看前,教师介绍了故事背景(小虎和同学迷上了网络游戏,一次他以补习为由跑去网吧,父母发现后,把他从网吧找回……),并让同学们思考自己的父母通常会如何处理这种问题,由此强调"沟通失败会导致矛盾激化"。然后,请同学们观看动画:妈妈、爸爸和小虎冷静地沟通,成功地解决了问题。观看动画之后,教师请同学们回忆一下,小虎和父母在进行沟通时,双方有哪些值得我们学习的地方?在学生思考回答后,在大屏幕上展示一个表格,对比分析两种处理方法的优劣。在略作点评之后,教师引导学生记住一些有效的沟通方法:换位思考,及时稳定情绪;自我反思,主动承认错误;主动表达,商量解决问题。

其次,让同学们观看心理短剧《考试后》,并展开讨论。在剧中,极爱画画的明明学习不够好,临考前也没有好好复习。考试后,妈妈看到明明的成绩后训斥明明,并用鞭子打他,还把明明的画揉成团扔进垃圾筐。最后,明明哭着从垃圾筐拿出画稿,妈妈默默坐着。在看完后的讨论中，同学们感同身受，多数同学把矛头毫不留情地指向了父母。教师顺势提醒学生："但是，同学们有没有站在父母的角度来思考呢？"此时，教师发动学生欢迎一位家长代表来和同学们沟通。在简短的发言中，家长指出："用打骂来教育孩子并不妥当……但理解是双方的。"接着，这位家长深情朗读了毕淑敏的文章《孩子，我为什么打你》："第一次打你，在你已渐渐懂事，初步具备童年人的智慧时。你像一匹顽皮的小兽，放任无羁地奔向你向往中的草原，而我则要你接受人类社会公认的法则……为了让你记住并终生遵守它们，在所有的苦口婆心都宣告失效，在所有的夸奖、批评、恐吓以及奖赏都无以建树之后，我被迫拿出最后一件武器——这就是打。……其实，有时你少一句顶撞，少一分怒视，我们的手就不会高高举起。孩子，打与不打都是爱，你可懂得？"在聆听了情真意切的朗读和家长心声后，教师要求同学们再来重新审视心理短片《考试后》，站在父母的角度谈谈如何理解这位母亲的行为。在学生发言后，师生共读小结——《与父母沟通的三字经》："如果父母误会了我们：被误解，不冲动；敬父母，多沟通。如果父母生气骂我们：不还口，心气平；劝父母，讲文明。……"

最后，鼓励学生将沟通的方法迁移运用在实际生活中。教师请同学们回想一件与父母发生矛盾冲突的事，然后试着运用今天学的沟通技巧，看能不能通过改变自己以往的一些做法来和平解决问题。在学生思考交流后，教师及时鼓励，并提出："你能给写信的家长和孩子提一些建议吗？"然后，请大家一起再面对那位母亲的困惑，给他们提些建议，帮助他们架起沟通的桥梁。

（3）爱在回报，升华沟通境界

在前面两个环节的基础上，教师强调："同学们，沟通是桥梁，是纽带，是人际交往的有效方法。……爱是我们共同的语言，血浓于水，父母永远是我们最亲的人。"然后，请同学们静静地听一首曾感动无数人的诗歌，这是一个风烛残年的老人写给与他心灵日渐疏远的孩子的真情告白。（播放诗歌朗诵视频：《一个父亲的真情告白》。"……你要紧挨着我，如同我当初抱着你展开人生一样地了解我，帮我，扶我一把，用爱和耐心帮我走完人生。我将用微笑和我始终不变的爱来回报你。我爱你，我的孩子！"）

在播放诗歌朗诵视频之后，教师深情总结，并鼓励学生从现在开始，在接受爱时也学会回报爱，用心交流，以爱沟通。最后，师生齐读："沟通是石，碰撞心灵之火；沟通是火,点燃希望之灯;沟通是灯,照亮夜行之路;沟通是路,引你走向爱的天堂。"

2. 班会呈现的教育思路:学生在教师引领下多层次、多角度地参与

与"要爱你的妈妈"类似,"从心开始,用爱沟通——如何与父母沟通"这一主题班会显然超越了诸多对孩子进行亲情教育、孝道教育的班级活动。我们可从"发展问题"、"发展机制"和"教师作用"这三个方面看到其基本特征,并获得一些新的启发。

(1) 在辨析发展问题时切中学生新的发展需要

这一班会力图解决的发展问题,包括了用爱心"孝敬"父母,但显然有了新的内容,即通过"与父母沟通"来妥善解决亲子之间出现的交往问题。如果说"要爱你的妈妈"要解决的发展问题包括"缺失性需要"和"维持性需要",那么"从心开始,用爱沟通——如何与父母沟通"要解决的发展问题则同时包含三类发展需要:"缺失性需要"(如改正错误)、"维持性需要"(如理解并珍惜亲情)和"成长性需要"(通过积极沟通来解决问题)。

在这里,学生与家长的相互理解和积极沟通,已经超越了对孩子的单向要求(包括对大人的理解、听话、关心),拓展到了让孩子积极开展和家长的双向沟通上,从而让日常的亲子交往有了新的内涵。如果从"要爱你的妈妈"的角度来看,与让孩子感恩和回报父母的发展需要相比,理解、沟通等新需要就让孩子爱家长的方式、内容和性质有了新的特征。这一方面体现了时代的进步,让孩子学会在更为开放、多元的文化环境中学会明智地思考、辨析和选择,另一方面也体现了学生的年龄特征,利用并促进中学生抽象逻辑思维的发展和自我意识的成长。——显然,这次班会的教育价值实际上已经超越了一般意义上的"要爱你的妈妈"。也就是说,我们还可以从学生发展需要出发,选择其他角度来看它对学生成长的促进作用。

(2) 在利用发展机制时强调多方互动中的生成

站在学生的角度来看,这次班会所用的学生发展机制最终落实于学生的积极参与和主动探索上。首先,班会针对的发展问题源自学生和家长的真实交往经历,并通过学生投入的对话和交流来逐步辨析问题,探讨解决问题的策略,而不是在教师激发感悟、发出号召之后再沉默感悟、热烈鼓掌、响应号召。其次,在活动过程中,学生对班会活动的参与体现在个体思考、同伴互动和全班交流这三个层次。个体既有机会和同伴讨论,也有机会参与全班层面的交流,包括跟教师直接进行的交流。其中,学生参与的

是与家长、教师的三方互动，这就让他们同时站在多个角度来思考，从而作出更明智的选择（如自我反思、主动表达、亲子共同商量解决问题的方法等）。——这就显然不同于接受教师的感召和评议、响应教师号召等往常的情形。

（3）在发挥教师作用时引领学生自主思考

从案例中可以看到：教师在精心选择活动内容时，主要关注的是敞开学生主动思考、辨析和选择的探索空间——虽然学生自主探索和相互交流的过程与内容没有充分地体现在案例之中。

与上面说到的学生"发展机制"相应，在这个班会中，教师的作用不仅体现在事先组织调查、开发相关资源、精心设计活动情境和过程等方面，更体现在鼓励学生投入到跟同伴的交流、跟家长和教师的对话的努力之中。例如，事先准备好的家长来信、作家写的文章、歌曲《亲爱的小孩》、视频和电视剧片段、诗歌《一个父亲的真情告白》，都是用来引发思考的教育内容，同时作为敞开探索空间的思考平台，而不是直接提供教条式的结论或规定。相应地，在这些内容材料之后，教师都及时予以少量的点评（而不是大段的说教），用以启发学生思考（而不是给学生定论或常识），然后组织学生发表自己的看法，展开互动交流（虽然很多学生发言被一个"略"字给遮蔽了，但这一活动环节显然是不可缺少的）。其中，在观看动画《孩子迷上网络游戏》之前介绍背景，并让学生设想自己和父母面临类似事情时的表现，在观看之后组织学生思考动画中亲子沟通中值得学习的地方，然后带领学生梳理"沟通失败"和"沟通成功"两种情形中的父母处理方法、孩子处理方法和事件结果，让学生通过对比分析来理解"沟通"的重要性及其基本方法。经过学生自己的猜想、探索、提炼、辨析和感悟，最后组织学生总结出来的有效沟通方法就水到渠成了。（虽然其精炼的表述可能是教师事先就准备好的，但这与缺乏学生自主探索过程、直接提供结论或行为规范的教育思路有着本质区别。）

在从发展问题、发展机制和教师作用这三个方面进行分析之后，我们看到：这次班会所采用的教育思路，重点强调的不再是突出表现教师的爱心、智慧和口才（虽然这依然是成功的教育必不可少的前提条件），也不是学生在被教师感化之后心甘情愿地接受教师的教导和建议，而是突出学生在班会中生成的体验、感悟和行动策略。为此，教师在充分发挥主导作用时，更为强调的是提供丰富的资源、敞开更多参与的空间，让学生从多个角度、多个层次参与对相关资源的辨析、思考、选择和运用。

(三)"主动沟通"——学生在教师鼓励下开展群体交往

"主动沟通"是由上海市曹杨第二中学附属学校的缪红老师带领一个初二班级的学生于 2006 年 6 月举行的一次主题班会。[①]

1. 班会的基本情形

缪老师发现,自 2006 年 2 月进入初二年级下学期后,这个班级的同学在与家长沟通方面发生问题的人数呈上升趋势。面对这类现象,除了针对个别情况及时沟通、解决具体问题之外,同学们和部分家长在 5 月份共同召开了"父母是你特别的朋友"主题班会。同学们领悟到:亲子间的冲突不是因为父母变了,也不是因为自己变坏了,而是因为自己正在长大。同时,同学们都意识到亲子之间应该互相了解,用换位思考的方法来接纳对方。在这次班会的筹备和实施过程中,也生成了一些典型事例,例如,一名同学由"屈辱地玩"(通过撒谎来争取贪玩的时间)转向"自豪地玩"的过程,尤其是在协调家庭教育力量时更强调自己的主动改变……

在此基础上,班主任和同学们决定:顺势推进,学会"主动沟通",开展新的主题活动。选择"主动沟通"这一主题有两方面的理由。其一,初中生的自我意识正在形成,他们渴望获得精神上独立自主的地位,但尚缺独立自主的策略,需要关注他们在这个阶段新的发展需要,善加引领,尤其是引领他们主动探索。其二,这个班级在此前已举行了"十四岁生日仪式"、"父母是你特别的朋友"主题班会,由此获得的新认识主要表现为"积极有效的沟通"和"自己有更为成熟的行为表现"这两个方面——以此为主线,可以进一步思考什么是双赢的策略,从而尽量避免"不满—冲突—冷战"这样的应对模式。将这些考虑予以进一步聚焦,就形成了新的主题班会的核心目标:让学生感悟自己在自我发展过程中应该主动承担的责任,而不是被动接受关爱。

在 2006 年 6 月 7 日举行主题班会之前,大家一起开展了四个"小活动",作为班会的准备活动:撰写前面活动中的感受或相关成长故事;全班同学收看"十四岁生日仪式"及"父母是你特别的朋友"主题班会录像,在回顾体验的同时,增强集体荣誉感;以小组为单位开展调查:我和父母有过哪些争执和分歧;分组策划主题班会"主动沟通",

---

① 见陆桂英:《建设民主集体,共创阳光人生——上海市曹杨第二中学附属学校班级建设实践研究》,上海:华东师范大学出版社,2007:117—119。另参阅李伟胜:《班级管理》,上海:华东师范大学出版社,2010:49—50、61—62。

并在先后形成三个方案的过程中分工筹备。

在对第三个活动方案作了一些调整之后,班级现场举行的主题班会"主动沟通"分成了四个环节。

(1)回顾成长感受

在主持人(两名学生)简短的开场后,播放"十四岁生日仪式"的录像剪辑,鼓励同学在回味录像记录的内容时继续思考:十四周岁意味着什么? 在随后的讨论中,同学们提出:十四岁,意味着一个人要有责任心,包括学会为家庭分担责任。这具体表现在:有明确的生活学习目标,有调节心理变化的能力。这样,我们就能自己享受有尊严的学习和生活……

接着,播放前一次班会"父母是你特别的朋友"的视频片段,激发学生对亲子沟通问题的情感体验,激活已有的思想认识,交流上次班会获得的成长感受。

(2)主动面对成长的烦恼

分两段播放"身边的故事"的录像。该故事是以一位同学的真实经历为基础重新排演而成的。在第一段录像中,一位同学在得知英语和数学的月考成绩后,及时告诉了父母,但因为成绩不够好引来了父母和他的争执。针对这段内容,同学们从孩子的角度讨论:在这个故事中,引起争执的原因在哪里? 如果身边的同学遇到这样的事情,我们会怎样做? 经过小组讨论和全班交流,大家很快就明白:争执的起因是孩子的成绩不够好,父母的意见也是出于对孩子的关心和期望。如果身边的同学遇到此事,我们应该劝他冷静面对成绩不好的现状,同时,也建议他在把成绩报告给爸爸妈妈前要提前想到该说些什么(比如自己反思成绩不够好的原因、下一步的打算)。另外,我们也应该争取家长的理解,请家长采用更好的方式来跟我们沟通。在第二段录像中,同学们了解到这位同学的情况,给予他真诚的问候和关心。另一位同学的家长得知此事后,主动上门找该同学的家长谈心。与这段录像相比,同学们对前面针对第一段录像的讨论达成的共识更能理解和认可了,因为同学之间、家长之间更通畅的沟通确实解决了问题。

不过,这还不是"成长的烦恼"的全部。在接下来的小组讨论中,大家在思考:"同学和家长的关心只能起到外因的作用,而这位同学今后应怎样避免这样的事再次发生呢?"结合前一次班会中达成的共识(亲子间的冲突是因为自己正在长大),还应该进一步探索:如何看待自己正在成长？这才是我们要面对的更重要的"成长的烦恼"。

经过讨论,同学们感悟到:出现亲子沟通障碍时,指责对指责,会引发吵架;沉默抗拒,会引发冷战。要解决这个问题,不能简单地区分谁对谁错,或者只是要求孩子用服从家长来表达对长辈的孝敬。也许,更重要的是相互理解、主动沟通。为此,双方不仅应该保持冷静,更应该运用智慧。从初中生的角度来看,我们应学会主动沟通,这才是化解冲突的关键。

（3）感悟自己的责任

在理性面对亲子沟通障碍并达成应该主动沟通这一共识的基础上,主持人组织了一项现场调查:"你有'小孩子气'行为吗?"这些题目都是站在初中生应该掌握亲子沟通主动权的角度,让学生看看自己是不是正在"长大",是不是还有"小孩子气"的表现。例如,对于自己的学习安排,你能做到心里有数,并让家长难以指责吗？如果跟家长沟通时出现冲突,你能想到换一种方式来交谈吗？……在屏幕上逐一出示题目,每位同学根据自己的实际在小组内回答"是"或"否",然后由各个小组汇报统计结果。（这样就可以让每位同学在组内更坦诚地反映自己的实际情况,但又不至于在全班同学面前说得过于具体。这里的一个背景就是在该班长期开展类似活动的过程中,每个小组的建设已经让每位同学可以坦诚交流了。）

此时,每位同学看到大家回答这几个题目之后的统计结果,再联系到自己和家长平时沟通的实际情况,就可以感悟到:你表现得越"小孩子气",你的父母越把你"拴牢"。要想让自己在沟通中掌握主动权,要想让自己在家中享受到更多的自由、更充分的尊严,就需要自己逐步减少"小孩子气",证明自己正在"长大",让家长放心。

紧随着上述现场调查和交流之后,主持人请在前面经历了由"屈辱地玩"（通过撒谎来争取贪玩的时间）转向"自豪地玩"的那位同学讲述自己的故事——《在沟通中成长》,特别强调这名同学自己在协调家庭教育力量时是如何主动改变自己的,如在跟家长、教师的沟通中逐步明白自己的希望和弱点,形成新的想法和行动计划,在后面一步步落实（其中当然也有一些波折）……大家和他一起分享了与家长主动沟通后所带来的成就感。

在此基础上,针对前面现场调查时全班回答"是"最多的题目,让同学们讨论:在亲子沟通中实现双赢,我们可以有哪些对策？通过提出一个个办法,大家进一步领悟到:

通过积极主动的沟通实现双赢,确实是化解亲子冲突、促进家庭和谐的好办法。

(4)点明主题,深化内涵

主持人邀请班主任对大家的想法作出回应。教师提出了这样的希望:每一位学生都能主动承担应有的责任,促进自我发展,回报父母和社会。然后,主持人向全班介绍了部分同学事先准备好的《我们怎样与父母沟通——给同龄人的建议》,供大家进一步思考。在大家的热烈响应中,"只有沟通,家长才能更好地配合我们"这一共识得以达成,并激励着大家努力创造初中阶段更主动、更成功、更自豪的学习生活。

最后,班主任顺势利导,在同学们通过主题班会获得丰富、深刻的体验和认识之后,引导同学们开展后续的两个活动。其一,落实《我们怎样与父母沟通——给同龄人的建议》,将其转化为个人的行动计划;其二,在周记中记录新的感受和成长故事,在班级内分享更多成长的快乐。

2. 班会中的教育思路:教师相机点拨,学生主动交往

"主动沟通"这一主题班会,是这个班级在持续三个学期探索建设"民主型班级"的基础上开展的一次代表该班当时新的发展水平的主题活动。与前面介绍的"要爱你的妈妈"和"从心开始,用爱沟通"这两个主题班会相比,"主动沟通"所表现出来的特点更能代表我们对于班级管理,特别是建设"民主型班级"的主张。因此,我们可以在充分欣赏前两个班会所代表的先进教育理念和方法的基础上,看看"主动沟通"在教育思路上的主要特征。

(1)在辨析发展问题时聚焦"成长性需要"

这一班会在选择要解决的学生发展问题时,有两个重要的考虑。

其一,重点关注"成长性需要",超越对其他层次发展需要的关注。如果说"改正自己的缺点、不让家长担心"属于学生发展中的"缺失性需要",而"做好自己的事(包括力所能及地做家务和关心父母)、让家长放心"属于"维持性需要",那么,"主动面对并积极解决'成长的烦恼'、让家长开心"就属于"成长性需要"。在我国社会转型正在加速、社会文化日趋开放和多元、当代青少年越来越有自己的个性和主见的今天,学校教育应该主动承担起新的历史使命,重点关注"成长性需要",并由此涵盖、超越(而不是满足于)对前两个层次发展需要的关注。就此而言,"主动沟通"这个班会就体现了这种追求。

其二,着力建设"成事育人"的班级生活,超越"就事论事"的教育行为。聚焦学生发展问题中的"成长性需要",让教育落实为学生自己主动解决真实问题的行动过程,这就超越了就事论事的"点状"行为,着力于通过"成事"实现"育人",并让这一教育追求延伸到学生的日常生活之中(包括班级生活和家庭生活)。在这里,"民主的交往方式"正在让发展主体创造属于自己的尊严。例如,一旦从更为全面的育人的视角考虑"亲子沟通"中出现的障碍,显然就不能满足于解决"个案问题",尤其不能满足于从消除麻烦、维持秩序的层次来解决问题。不仅如此,我们还应该让个案问题背后牵涉到的初中生进入新阶段面临的成长问题敞现出来,成为同龄人可以共同探索、相互支持的发展问题。如何主动面对成长中的新现象,通过创生新的智慧来承担主动交往的新责任,实现共创新生活的新理想,这恰恰就是证明"学生充满尊严地成长"的标志,也是在教育中实现"民主"或建设"民主型班级"的根本所在。

(2) 在利用发展机制时开发群体交往的价值

显然,与前面两节班会相比,这里的学生不仅表现更为积极,而且交往结构更为合理——前期开展了两个多月的小组合作参与班级管理已经让每个小组形成了很强的自我组织、主动活动的能力,先后开展的多次主题班会已经让"班会策划小组"逐步积累了诸多成功经验。在个体、常规小组、策划小组之间,在全班同学、教师、家长之间形成了充满活力的沟通机制和相互激发机制。在这样的格局中,站在学生的立场上来看,"主动沟通"这一班会中的学生"发展机制"最大的特点就在于充分开发群体交往的价值。这至少体现在如下两个方面。

其一,个体发展融入群体交往,共创尊严。表面上看,"亲子沟通"很容易被一些教师按照外在的标准,尤其是成人社会的标准视作是行为规范问题、思想认识问题、道德品质问题,并通过常见的训练行为、学习知识(灌输道德观念)、激发情感体验等方式来解决问题。如果从更深层次来看,这其实是学生精神生命的自主成长问题——对于初中生来说,这正是他们在进入青春期的过程之中、在自我意识逐步发展之时遇到的"交往"问题。就这次班会来说,这里涉及的是"亲子交往"问题。我们之所以透过常见的要孝敬长辈等道德要求和相应的教育方式而将其归为"交往"问题,是因为我们看到:每一位个体之所以应该孝敬父母,并将其作为生命中不可缺少的修养,正是因为他本来就是在与父母的亲密交往过程之中得以成长的。这是每个人最宝贵的生命根基。

如果善加培育、善加利用，学生的精神生命就可以保有一个源头活水，并且在今后与父母更和谐的交往中共同创造新的生命活力，在让父母的生活充满阳光的同时，也让自己的生命充满尊严——这种理解，应该超越了一般意义上的孝敬父母的要求，更超越了单向服从家长要求的行为规范。

当然，面对这样的发展问题，我们不能放任学生个体孤独地探索。一个更好的选择是：让学生个体的自主发展扎根于主动投入的群体交往过程之中，而不是个体独自接受教育、自发成长。已有大量的研究（包括教育社会学、教育心理学、教育文化学研究）表明：学生的自主探索，若要取得更好效果，特别需要同伴之间的交往。这不仅是因为同龄人之间更易于相互敞开心扉、相互理解，便于把握真实的情形，也是因为同伴一起探索形成的解决办法，更易被他们接受和认同，更能让他们体验自主成长的快乐、尊严和信心。总之，让个体的成长融入群体交往，也就是敞开了让每一位学生和同伴一起共同探索发展问题的广阔空间。学生可以在这个空间中共同创生生命智慧，共同创造属于他们自己的新的生命内容，共同享受自主探索和主动交往带来的生命尊严。

如果能由此探索开展系列化的班级活动、系统化的班级建设格局，从而实现"群体文化"、"班级文化"的自主更新，那么，这样的教育效果更为明显和持久。

其二，交往之中生成资源，生生不息。在"主动沟通"这一班会之前、之后的诸多活动中，学生的积极参与不仅体现在主动整理以往的"十四岁生日仪式"和主题班会"父母是你特别的朋友"的资料并做新的准备，更体现在通过小组合作、全班协调分工共同策划系列活动。例如，在举行"父母是你特别的朋友"主题班会后，每个人通过周记写出感想，并通过小组推荐，本次班会策划组从中评选出优秀作品，准备在这次的班会中进行全班交流。再如，同学们一起参与策划，献计献策，逐步完善形成四个版本的活动方案，并据此展开近一个月的系列活动。

在面对同类成长体验、相似的发展问题时，大家共同搜集、整理、辨析多方面的资源，于是，发展过程中的多元信息得以不断敞现，更得以在交流中辨析，进而促使学生在辨析的基础上进行选择，在选择的过程中又敞开生成新信息的空间。在这一过程中，彰显出生命活力的学生（而不仅仅是温顺地或泪流满面地接受教师关怀和教导的"乖学生"、"乖孩子"）不再等着教师、家长来发现、了解和掌握全部信息，然后把确定的命令、建议或规定颁布给学生去执行，而是在教师更为高明的指点下，主动掌握这些信息和行为规范的知情权、辨析权、选择权、创造权。这才是教育学意义上更为彻底的"民主"的真实体现。

（3）在发挥教师作用时因势利导，顺势推进

通过对学生"发展机制"的讨论，我们看到：由学生自己主动投入更高品质的"生生交往"，而不是等待教师"赏赐"平等的"师生交往"，才是学校教育最重要的着力点。与此相应，我们还可从这个班会中看到更值得倡导的"教师作用"，即在教育活动中因势利导、顺势推进（而不是过度"强势而为"，更不是"逆势而动"），用更高的教育智慧来利用并催化学生的"发展机制"，让学生在主动交往中实现更有尊严的自主成长。具体来说，这里的教师作用体现在两个方面。

其一，超越"个性化指导"，敞开群体交往的自由空间。相比于一些班主任明显的主导作用或引领行为，在"主动沟通"这一班会中，班主任似乎"退居二线"了，因为她把更多的机会还给学生了：面对"亲子沟通"难题时展开调查研究、搜集和整理信息的机会，通过参与小组互动、班级交流而展开与同伴更充分的交往的机会，每一位同学在具体的小组、班级活动中承担任务并由此学会自主思考、策划和行动的机会。其中，最为关键的就是我们在前面分析其"发展机制"时所说到的：超越"针对个体予以个性化指导"这类看似高尚、实则略显平庸的常规套路，将"个体自主成长"纳入"群体交往共生"的进程中。如果综合考虑到这个班级的学生在三个学期中的持续探索，在"主动沟通"这一班会前后开展的多项活动，我们就可以看到他们获得的自主探索空间、群体交往空间有多么辽阔了。

其二，运用更高水平的教育智慧，培养学生发展的自主能力。与一些班主任明确告知道德认知、制定行为规范等主导作用相比，在"主动沟通"这一班会中，教师在敞开学生自主探索、群体交往的空间时，就注意到根据实际情况及时点拨学生，激发他们的自主意识，培养学生的自主能力。与学生的参与情况相应，教师的作用不是直接策划、发号施令，也不是直接指导每一位学生个体，而是鼓励学生自主策划和实施活动，并在必要时予以点拨，而不是替代。

从学生在策划班会时先后形成的三个版本的活动方案中，我们可以体会到学生的自主努力，更可以体会到教师在其中发挥的指导作用。不仅如此，"主动沟通"这一班会之前、之后的系列活动，实际上也构成了一个整体，即我们所倡导的班级活动的"大

项目",这更是体现了教师引领学生形成更开阔的发展视野、更全面的活动能力的教育智慧。(我们将这个"大项目"命名为"我沟通,我自豪"。这个"大项目"中包括由 7 个"小活动"组成的"系列小活动",其中,"主动沟通"这一班会就属于 7 个小活动中最为关键的部分。见图 1-1。)

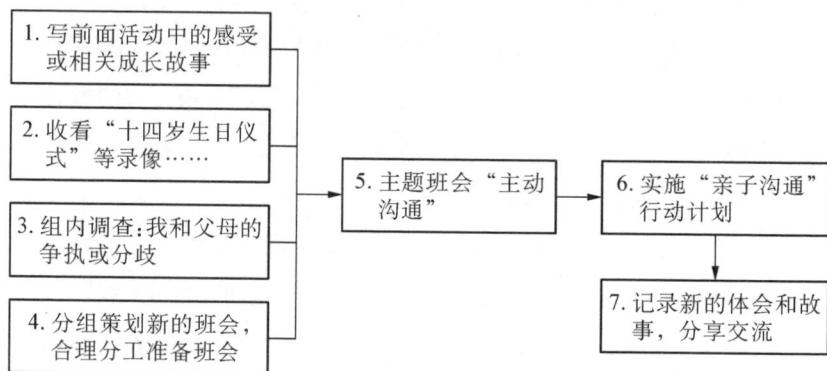

图 1-1 "大项目""我沟通,我自豪"中的"系列小活动"

在这样的班级活动中,教师的教育智慧被用来敞开学生的探索空间,激活学生的主动交往,从而让学生的生命活力得以不断地敞现、激发、生成。由此实现的顺势利导会让班级管理更像高境界的"无为而治"、"文化治理",而不仅仅是就班级事务开展的就事论事的"法治",更不仅仅是为让学生服从纪律而施行的强势的"人治"。

在辨析这次班会中的发展问题、发展机制和教师作用的过程中,我们可以逐步看到:与前面已经分析过的"要爱你的妈妈"和"从心开始,用爱沟通"相比,"主动沟通"这一主题班会所用的教育思路有其自身的特点,这就是教师的主导作用更多地不是表现为教师在班会中的言行,而是站得更高、看得更远,放手让学生自主探索,并在必要时予以"点拨",而不是替代。与此相应,学生的自主探索更为充分,更为主动,更有成效。他们不满足于教师充满爱心的教导,虽然这种教导有时候是很有必要的。他们也不满足于教师提供的参与空间,虽然这些空间可以让他们多角度、多层次地参与。相比之下,他们更为主动地探索着通过群体交往、相互激发生命热情和智慧,自主解决自己的发展问题而获得的更有活力、更为豪迈的生命成长历程。这就是我们期待"智慧型班主任"表现出来的专业成就。

二、通过比较三个案例得到的新思考

我们在上面考察的三个主题班会案例,各有其合理性,都是成功的教育案例。从本书所要探讨的教育思路来说,它们实际上呈现了三类教育思路:(1)教师充满爱心地发挥主导作用,学生充分感悟并响应;(2)在教师的精心引领之下,学生多层次、多角度地参与班会中的活动;(3)教师鼓励学生自主探索并相机点拨,重点在于促进学生在群体交往中主动成长。

本书从建设"民主型班级"的角度倡导第三种教育思路,并将其作为"智慧型班主任"的专业标识之一,因此,需要对它作更为深入、更为系统的探索。不过,仍有必要强调:上述案例各自取得的成功表明,我们不能简单地判定某一种思路最好或不够好,而只能说不同的教育思路各有其适用空间,适合于不同的发展基础和教育目的。因此,需要结合实际,尤其是具体班级的学生的发展现状和发展需要,来灵活选择教育思路,而不是直接照搬具体的教育技法、活动方案或言行举止。

在澄清了上述前提性的认识之后,我们就可以尝试着把上述三个案例作一比较,由此展开新的思考,以便班主任在具体的工作场景中作出合适的选择,特别是从建设"民主型班级"的角度理解和应用新的教育思路。具体来说,我们可以获得三个方面的新认识。

(一) 在辨析发展问题时,敞开学生的"成长性需要"

要让班级管理产生更大的教育价值,就必须开展学生参与的教育活动,如同要让学生学到知识就必须有教学活动一样。要让班级管理中的教育活动(特别是主题班会)有更明确的教育目的、取得更理想的教育成果,一个有效的途径就是引导学生通过主动解决"发展问题"来实现自主发展,因为"发展问题"可以成为凝聚学生智慧、激发学生活力、汇集教育资源的一个教育平台,而解决"发展问题"的过程可以成为学生自主探索、主动交往的生命历程。

显然,这里所说的"发展问题"不仅包括弥补缺陷、改正错误等"(不够好的)发展问题",也包括鼓励上进、追求高尚等"(更好的)发展问题"。就组织学生举行主题班会而言,教师的主导作用首先就在于选择一个主要的"发展问题",由此敞开让学生从现实状态通往理想状态的发展空间。此时,如何辨析发展问题,就直接涉及如何理解学生的发展现状、潜在的发展资源、应有的发展目标等因素。其中,一个非常值得关注的努力方向就是用更专业的方式尊重和凸显学生的主体地位,敞开学生真实的、充满成长气息的发展需要(而不仅仅是等着教师去发现或开发),从而让学生在选择班会要解决的发展问题时更有志气,也更有智慧。

例如,针对第一个主题班会"要爱你的妈妈",也许还可以考虑:(1)在选择班会主题时,谁最有发言权? 例如,班会主题"要爱你的妈妈"源自外国教育家制定的校训,那么,它与开这次班会的中国成都的这个初中班级的学生有什么直接关系? 相应地,班主任将其作为本次班会的题目时,有没有让学生发表意见、作出选择? 从更深层看,也许还要考虑:针对"要爱你的妈妈"这种通用于任何年龄、任何地区的学生的要求,这个班级的学生有哪些真切的体验? 他们有没有自己的成长需要、发展意愿、真实见解——融入他们真实生活的、有血有肉的感受和想法? 如果有,其依据是什么? 如果在这些方面让学生有更多的表达机会和真切体验,那么,"要爱你的妈妈"这个班会主题也许就显得更为合理了——不仅符合成人视角的教育之理,更符合学生视角的成长之理。(2)在辨析发展问题时,学生可否有更大的自主空间? 一方面,在呈现相关的发展现状、凸显发展问题时,除了让家长通过写文章来提供信息,可不可以让学生自己通过讨论、写作文或周记来提供信息? 另一方面,在呈现相关信息之后,除了让教师事先充分研究,并据此组织班会,可不可以让学生自己也参与班会的策划和实施? 沿着这个方向探索,学生也许可以对发展问题形成更为真切的认识,对问题背后的成因、针对问题的对策形成更为准确的判断,对解决发展问题的意义形成更为丰富而持久的体验。在此基础上,也许通过发展问题的解决,同时关照学生在这一方面的"缺失性需要"和"维持性需要",进而探索"成长性需要",即超越常规标准而拓展的更高境界的追求(如通过自身努力让父母更为自豪,而不仅仅是一般意义上的理解和关心父母)。

对于第二个主题班会"从心开始,用爱沟通",我们也许可以期待它在已有成效的基础上关注本班学生独特的发展需要。例如,就这个班会的方案,我们可以尝试思考三个问题:让隔壁班去原样执行这个方案,可以吗? 这个班会放在其他年级、其他学校开展,可以吗? 把它放在其他学段举行,可以吗? 显然,从关注和尊重"本班学生独特的发展需要"的角度来看，人们在判断更为理想的班会方案时，对这三个问题的回答都不应该是"可以"。就此而言，"从心开始，用爱沟通"确实在调研学生的实际表现、发动学生参与讨论并生成资源方面有诸多尝试。在此基础上，也许还可以进一步尝试：(1)在考虑班会立意和主题时，不仅考虑到"现阶段的孩子都是独生子女"，考虑到"处于叛逆期的初中生"，而且还考虑到"这个班级的学生"的更为具体、真切的成长状态和发展需要，而不仅仅是亲子沟通方面的行为表现。(2)在选择活动内容(如家长来信、作家的文章《孩子，我为什么打你》、动画和电视剧片段、诗歌视频)、开展现场互动、撰写案例时，可以超越通用于所有中小学生的情形，更多地关注这个班级的学生独特而真实的成长体验——将学生在这次班会中实现的新成长置于更为开阔的背景(例如，学生在此前后开展的其他班级活动，他们在一年或多年的初中生活中实现的成长等)之中来考虑。如果能够这样，也许这个班会就能更为充分地敞开学生独特的发展需要、独特的生活内容、独特的成长经历，从而让学生在个性化的心路历程中融入班级发展、学校生活、社会生活，从而在更为开阔的发展空间中彰显出更为充沛的生命活力。此时，班主任的创造性专业智慧会更明显，学生获得的真实发展也就更有成效。

相比之下，在第三个主题班会"主动沟通"中，有待解决的学生发展问题的内涵就有了实质性的新特征了。在这里，班会针对的主动承担责任、"让自己更成熟更自豪"的问题不仅源自学生真实的生活内容，而且敞开了更能彰显学生生命活力的希望空间。这样的希望空间，更需要学生主动探索，自觉感受成长带来的"尊严感"，而不是接受教师或家长关爱时的"感恩心情"和听话、孝顺，以及被别人表扬时的"光荣感"。究其根源，就在于班主任组织学生策划并实施相关活动时敞开了新的希望视野：如此选择发展问题时，师生重点关注学生"成长性需要"(让家长开心)，这就不仅是以关注"缺失性需要"和"维持性需要"这两层发展需要(不让家长担心、放家长放心)为基础、包含了前两层发展需要，而且还有新的要求。也可以说，如果我们的教育只关注"缺失性需要"，很可能让孩子们学会了听话、孝顺，却未必能真正形成"让家长和教师放心"的思想和行为，反而有可能导致他们离不开教师每一天、在每件事上投入的爱心和智慧，离不开家长施与的关心和教导。类似地，如果我们只关注"缺失性需要"和"维持性需要"，就有可能忽视学生的"成长性需要"所昭示的更为开放、自主，且能让他们自豪的发展空间。相比之下，当我们重点关注"成长性需要"(让家长开心)时，前两层需要必然会被纳入教育视野,并被导向更高层次的发展要求。

于是,我们可以进一步展望:如果承认教育就是用来敞现,并致力于创生受教育者更好的发展可能性,那么,我们就应用心关注、敞开并激发"成长性需要",因为这一层次的发展需要才是充满活力与尊严的人应该追求的。在此基础上,在致力于解决学生的发展问题时,才会超越"就事论事"的格局,关注"成事育人",并且在更长远的视野中,通过解决一个个发展问题的系列活动来培育追求并实现更高发展目标的人,包括更有智慧的新型班主任。

(二) 在理解发展机制时,充分利用"班级"特有的教育资源

学生是通过班级活动得以成长的最重要的发展主体,相比之下,教师的发展就应服务于促进学生更好的发展。进一步来看,一位教师拥有"班主任"的身份时,他直接的工作对象其实是"班级",而不是"学生个体"。同时,当我们从一个"班级"的角度来考虑学生发展时,对每一个学生个体的真切关怀就离不开"班级"这个教育性组织。将这两方面的考虑结合起来,我们就应该看到:"班级"特有的教育资源,不是教师个人对学生个体的关怀,更不是学生个体孤独的探索,而是学生之间的群体交往。其实,上面分析的三个班会案例都从不同角度证明了这一点,即学生在解决发展问题的过程中得以成长的"发展机制",在于自主探索和主动交往。如果没有这种发展机制,无论教师的爱心多么饱满,无论现场的言语多么感人,无论学生的参与方式多么丰富,都有可能只是豪华而空洞的形式。有了这种发展机制,其他的教育资源才有可能切中根本,并发挥更好的教育作用。

就"要爱你的妈妈"这一主题班会来说,关注每一位学生个体的自主体验和感悟,就是这次班会利用的自主发展机制的关键因素。沿着这个方向,也许还可以有更多的思考和探索。(1)与个别教育相比,整个班级在一起举行的"班会"有什么独到之处?或者说,在班会中让学生个体受到教育,与单独针对每个学生开展个别教育,有何不同?具体来说,为什么要在班级中让同学们共同探讨如何孝敬长辈,而不是在各自家中单独思考和行动,也不是教师把学生一个个地喊到办公室里单独教导?也许,在班级中针对每一个学生的具体情况开展教育活动,可以启迪同学们来共同感悟孝敬长辈的价值、情感和办法。就这次班会来说,学生群体内的交往已经体现在许多方面,例如

"小声议论"、"同学们大笑（众大笑、众鼓掌）"、"学生长时间地沉默"（"此时无声胜有声"）。此外，还有全班一起用心倾听、对同学发言和教师讲话进行必要的呼应。如果参照许多班级已经广为采用的一些群体交往方式，例如针对某个话题展开小组讨论或全班辩论、编排和表演合适的文艺节目以呈现教育内容、激发更为丰富和深刻的体验与思考……也许，这次班会还可以拓展出更多生生交往空间，采用更为多样的群体互动形式。(2)除了在班会上让每一位学生受到教育，在班会之前、之后，还有哪些可以拓展的教育空间？根据上面的思考，也许这个班会不仅可让学生"个体"得到有针对性的教育，而且可让学生"群体"开展更为多样的交往。据此，我们也许还可以进一步拓展视野，不仅关注班会现场中的个体自主和群体互动，而且着力开发班会之前的交往空间和班会之后的交往资源。例如，在班会之前，让学生广泛、深入地参与班会主题的选择、发展问题的辨析、活动资源的开发、活动形式的设计、活动过程的策划；在班会之中，通过互动交流，形成他们共同认可的成长体会或行动计划；在班会之后，借助班级中已有的小组和班委等组织形式，落实行动计划，开发进一步发展的新资源……

如果上述设想能够得到更充分的落实，我们也许可以期待学生的发展机制从"个体"自主成长拓展为"群体"交往共生。相应地，教师充满爱心和智慧的教导就可以超越教师和每一位"个体"的个别对话，而拓展为个别性的对话和群体性的交往相互映衬的格局。在这一过程中，也许"群体交往"的价值更为关键，也更值得开发，因为学生之间的群体交往具有师生交往难以取代的价值。从更为理想的教育追求来说，在班会中，特别是在中学生的班会中，教师的"主导"作用也许可以表现得更为间接，从而为学生个体和群体敞开更为开阔的主动发展的空间，让每一个学生个体在更为平等的同伴群体交往中生成更为自主、更有智慧的情感和认识，得到更为丰富、更为真切的成长体验——这方面的探索，在"从心开始，用爱沟通——如何与父母沟通"这一班会中已经有所体现。

当然，在班会"从心开始，用爱沟通——如何与父母沟通"中，与前面强调的对这个班级的学生"独特的发展需要"相联系，我们也许还可以期待：一方面，让学生个体得到更为具体的关注（在这方面，可借鉴前面介绍的主题班会"要爱你的妈妈"中学生个体得到的关注），以便激活他们具体、真实的成长体验，让教育的价值从他们每个人的"心"中生发而出，而不只是接受教师的引导、群体的影响。另一方面，让学生的群体互动发挥实质性的作用。例如,针对具体的问题开展更有实质意义的小组讨论,让学生在小组中相互激活思想,生成新的想法,达成新的共识。如果确实关注到群体互动的实质性作用,那就可以在案例中提供能够见证他们成长历程的标志性的活动成果,如对话记录、学生提出的倡议。当然,群体互动不仅应体现在小组层次,还应体现在整个班级层面(如各个小组提出不同的想法并展开辩论)。

相比之下,"主动沟通"这一班会可让我们沿着这一方向看到更多希望。首先,从学生个体的角度关注生命的真实成长历程。在这里,青春期出现的新的"亲子交往"问题是从学生个体的角度提出的,并且是把它放在"个体生命成长历程"的视野之中来考虑的(而不是就事论事地考虑当下的言行反应)。面对这样的发展问题(显然不同于学科教学中的认知问题)、面对其中的"成长性需要",教师的教导、家长的言说(写信、录音或视频)、别人的故事固然都有其教育价值,但都不能代替当事人(发展主体)的主动探索,这是因为:教师的雄辩不能代替学生的思维,家长的言说不能代替学生的智慧,别人的成功不能代表他们的尊严。从教育学的意义上来说,学生生命的豪情与尊严无法灌输,无法塑造,无法施舍,无法赠与,因为它无法替代。发展主体的智慧和尊严需要自己主动创造,也必须由他们自己主动创造。其次,个体真实的发展并不是孤独的成长,而是在班级中与同伴和教师一起共同成长。这就具体落实为从情感体验、价值体验等角度,让学生通过群体交往探索生命智慧,共创生命尊严。此时,在群体交往过程中敞现或生成的多方面资源都可用来滋养学生的精神生命,从而让学生的发展不仅从相对单薄的认知收获、行为规范训练拓展为包含知识、情感、意志和行为在内的整体发展,而且从相对单向的,甚至显得有些被动的适应教育要求的发展境界提升到主动探索和创造的更高境界。

总之,在班级管理(尤其是班级活动)中,通过"群体交往"来激活每一位学生个体,是一个关键的发展机制,也是"班级"特有的教育资源。班主任最应关注并利用这种机制和资源,而不是在此之外用博大的爱心、睿智的语言、活泼的言行、多样的资料来遮蔽这种机制和资源。

(三) 在发挥教师作用时,需要开发"班主任"的专业优势

既然学生的自主发展、主动交往不可被他人替代,那么,教师在呵护学生、指导学生

时,应该明白"教是为了不教","牵手就是为了放手",善加开发和利用学生潜在的生命活力与智慧,鼓励学生自主探索和主动交往,从而逐步做到让人"不担心"、让人"放心"、让人"开心",也让他们自己用越来越大的本领创造属于自己的、充满自主尊严的新生活。

我们已经看到,"要爱你的妈妈"这一班会确实体现了李镇西老师让教育充满"爱心"①的主张。不仅如此,他之所以有条件用心研究学生,也与他推行的用"法治"替代"人治"的班级管理思路有直接关联。在依据"法治"实施班级管理这一教育思路背后,其实是李老师更为重视的"民主"教育,因为"只有将爱心赋予民主的内涵,我们才真正抓住了教育爱心的本质"②。李老师的实践已经表明:班级"法治"管理,不仅可让教师从"学生保姆"还原为"灵魂工程师",还有利于培养每一位学生的能力(班干部通过民主选举上任并在各个岗位上大显身手,其他同学也承担许多班级事务,都能参与班级管理)。同时,这也是"对学生进行民主精神启蒙的实践教育"③。在李老师的博士论文和专著中,"民主精神"包括平等精神、自由精神、法治精神、宽容精神、妥协精神,"民主教育"的八个特征是充满爱心、尊重个性、追求自由、体现平等、重视法治、倡导宽容、讲究妥协、激发创造。作为民主教育对立面的"目中无人"的专制教育则是"非人教育"、"听话教育"、"共性教育"、"等级教育"、"守旧教育"。④

参照这些认识和教育追求,结合对"要爱你的妈妈"这个班会的考察,我们也许还可以进一步展开如下思考:(1)在教师主导的流畅过程之中和之外,可否激发学生开展更多探索? 也许,教师对学生的"爱心"不仅仅是单向的关怀,更是激发学生内心的热情、活力和外显的自觉行动、主动交往;也许,"民主"不仅应体现在教师与学生、学生与学生的人格平等上,也不仅表现为让学生投票选举班干部和参与管理班级日常事务,还应最终落实为激发每一位学生个体的自主意识,并在此基础上主动参与群体交往。如果这样的选择是可行的,那么,也许在教师主导的流畅的活动过程之中、之前、之后,还可以激发学生开展更为多样的自主探索,包括每位同学自觉思考自己孝敬父母的行

---

① 参阅李镇西:《爱心与教育——素质教育探索手记》,成都:四川少年儿童出版社,1998 年版。
② 参阅李镇西:《走进心灵——民主教育探索手记》,成都:四川少年儿童出版社,1999 年版。
③ 参阅李镇西:《做最好的班主任(修订本)》,北京:文化艺术出版社,2010:97—99。
④ 参阅李镇西:《民主与教育——一个中学教师对民主教育的思考》,桂林:漓江出版社,2007:42—48,72—84,52—60。

为表现和思想认识,通过小组合作来深化活动意义、提炼活动内容,通过小组之间的交流共同策划班会活动过程,包括在班会中展开各种形式的互动(如小组讨论),并由此逐步敞现他们自己的情感体验和思想,生成他们共同达成的孝敬父母等方面的共识和新的行动计划……这样,在教师充满热情、爱心和智慧的教导、指点、鼓励之外,学生也许就能获得更多的自主探索空间,生成更好的自主发展效果。此时,也许在教师热情洋溢的充分表达和充满智慧的前后协调之中出现的"(学生)众沉默"、"众长时间地鼓掌"等情形,就会被更具有实质意义的主动感悟、思考、表达、交流、辨析、创造来替代,从而让班会呈现出更为民主的教育活动(而不仅仅是民主的选举和相互督促等管理行为),生成更为充沛的生命活力。(2)在引导学生孝敬长辈时,可否让初中生逐步学会掌握与亲人交往的主动权?从班会实录的具体内容来看,在解决"让学生孝敬长辈的情感得到激发并付诸具体的日常行动"这一发展问题时,班主任选择的教育重点是让学生理解父母的关怀并有合适的回报,这包括:对家长有礼貌、耐心、宽容地对待父母的急躁情绪,在长辈有困难时尽力帮助,关心和照顾父母的身体,在生活中不攀比不浪费,力所能及地干一些家务,自己能做的事自己做好、不让大人操心……这样的要求当然有其必要性。不过,从今天的学生发展实际来看,也许还应该有一些与时俱进的新内容。可以考虑:这样的要求,放在一百年前、五十年前、十年前,是否也合适?今天的社会还需要青少年在孝敬长辈时有哪些素养?为什么?还可以考虑:这样的班会,可否在一个小学班级、高中班级中举行(当然要根据这个班级学生的实际调整具体的细节)?能否从这个初中班级的学生心理特征、成长需要的角度,提出符合初中生年龄特征,最好是更符合这个班级的学生特点的更有特色的发展需要(而不是任何初中班级都适用的教育要求)?为什么?

当我们作这样的探讨时,教师和越来越有活力的学生也许会看到:在交往日趋开放、信息日趋丰富、价值更加多元的当今社会,也许需要让学生透过日常行为表现探索并辨析背后更为复杂的因素(例如学生有了合理的新愿望,但家长不仅不能与时俱进地理解孩子,还阻止孩子尝试新事物),并通过辨别不同选择带来的交往效果和成长体验来作出更为自觉、更为主动、更为明智的选择(而不仅仅是接受教师充满爱心和智慧的指导,服从教师提出的"从现在做起,从小处做起,从小事做起,爱自己的妈妈"的行为规范)。就初中生来说,鉴于他们的自我意识和交往能力正在发展过程之中,也许可以让他们尝试发现与家长的交往情形，自觉寻找可通过自己的主动努力（而不仅仅是自觉回应家长的关怀）来提高交往质量，乃至提高家庭生活品质的方法，从而让他们的明智选择彰显出他们的青春豪情与志气！

此时，再来讨论教师的"主导作用"和学生的"发展机制"，我们也许就可以看得更为透彻了，因为这涉及教师的教育观念、教育方法，包括对学生发展需要、年龄特征等方面的新认识。也许，教师的"有"——有知识、有爱心、有智慧、有口才并不能证明学生的"无"——无知、无德、无能、无才。如果我们给孩子提供了更为开阔的自主探索空间，也许孩子的许多新信息、新思考、新计划等生命智慧和活力就可以敞现出来，甚至会让教师感到精彩纷呈、瞠目结舌、佩服不已（而不仅仅是让学生佩服教师的本领，感激家长的关爱）。也许，在新的教育中，学生不仅需要教师真诚而有智慧的"关心"，更需要教师鼓励他们"开心"、敞开心扉；学生不仅需要教师热情而有艺术的言语来"打动"他们的心，更需要教师平等地、充满信心地鼓励自己在心中"生成"新的活力。总之，在这里，教师的"主导作用"应该以学生自主的"发展机制"为核心，从而形成更为全面的教育格局，而不是用前者来替代后者，甚至遮蔽后者。

据此来看，"从心开始，用爱沟通——如何与父母沟通"这一班会让我们看到许多新的探索，例如教师的精心准备为学生创造了多层次、多角度的参与空间，从而启发学生主动探索，并获得真实成长。不过，沿着这一方向来看，在这个班会案例中，教师的主导作用似乎依然"罩住"了学生的主动作用。例如，预设的内容过多，生成的内容较少，生成的超出预期的精彩内容（包括提出的独特的困惑或创意）也就更少了（当然，不能排除事实上班会中生成了很多内容，只是没有表达在案例文本之中。纵然如此，教师对生成的过程和生成的内容的"略"去，依然是很明显的）。如果更深入地探讨背后的因素，也许，我们还需要超越"教师设想的＝学生理解的"、"学生需要的＝教师想教的"等传统的教育思路。从本书主张的教育思路来看，我们在关注学生和教师两类主体共同组成教育活动的"复合主体"时，还要清醒地认识并合理地区分出两类主体各自的角色，从而合理地协调两者发挥不同主体作用的活动空间、活动内容和活动方式。

相比之下，"主动沟通"这一班会就比较明显地体现出了值得倡导的新格局。在这里，班主任在理解教师的主导作用时有了更开阔的视野、更灵活的思维，让学生个体自主和群体交往成为教育活动的核心因素，而让教师与学生的交往成为推动群体交往，进而推进个体自主的外围因素。此时,班主任已经从"千手观音"式的"牵手"教育者、有着"神化"和"圣化"倾向的无私奉献者和睿智的言传身教者,转变为"让学生自己手牵手"的"放手"式的教育者,因为他可以用有限却充满智慧的工作敞开无限且充满活力的希望空间——属于学生和教师自己的生命空间。

实际上,透过对教师的"主导作用"与学生的"发展机制"的辨析,我们还可以进一步看到:不同的教育案例、不同的教育思路实际上涉及在定位"班会",乃至班级管理的教育功能等方面的不同取向。如果我们认为班会是应该产生教育价值的,而且这种价值就体现在解决学生的"发展问题"的过程之中,那么,我们就应该更真切地看到这些是发展主体——学生的"发展问题";如果我们认为发展主体应该自主解决自己的"发展问题",而不仅仅是接受成人提供的教导或规范,那么,我们就应该让学生通过班会主题的选择、活动内容的开发、活动过程的设计、活动效果的反思来主动辨析发展问题,探索解决发展问题的生命智慧(而不仅仅是条文式的对策)。归根结底,如果我们更深入地思考"民主"的教育学意义(而不仅仅是政治学、管理学意义),我们就应该鼓励孩子们通过自主探索和相互交往来主动创造属于他们的新生活,而不是满足于倾听充满爱心和智慧的长辈的教导和引领。毕竟,"教是为了不教"。据此,教师和父母今天与孩子"牵手"、对孩子"关心",正是为了从今天起让每一位学生个体和他人(特别是他的伙伴)"手牵手"、"心连心",然后教师和父母才能真正做到逐步"放手"、"放心"。

总之,同样面对"亲子沟通"问题,三个成功的主题班会在理解学生的发展问题、利用学生的发展机制、定位教师的主导作用时有不同的选择,从而呈现出"充满爱心的教师主导"、"教师引领的学生参与"和"教师推进的群体交往"这三种不同的教育思路。

通过对三个班会案例的比较,我们可以看到:站在学生的角度,学生的正常发展归根结底是自主成长,而激发每个个体自主成长的参照系,不仅来自成年人,更来自同伴,特别是在一起生活了若干年的同班同学。因此,很有必要区分并协调教师的作用和学生的作用(其中包括个体的自主作用和群体的交往作用),也就是区分教师采用的"教育思路"和学生自己的"发展机制"。

在上述探讨的基础上,我们可以得出这样的结论:"智慧型班主任"在班级管理中采纳的"教育思路"应该着眼于利用并催化学生的"发展机制",而不是用自己的主导作用替代学生的自主发展。

第二章
在班级管理的整体格局中凸显教育思路

我们在前面通过与"亲子沟通"有关的三个主题班会看到了不同的教育思路（以及相应的学生发展机制）。当然，班主任带领学生开展的不仅仅是主题活动，因此，我们有必要在更开阔的视野中来探讨班级管理的教育思路。经过多年探索，我们发现：在构建班级管理整体格局的基础上辨清教育思路，可以让班主任在此领域中找到更有专业品质的工作主线，有效提升班级管理的专业水平，从而在成就"智慧型班主任"的专业生命的同时，也成就"民主型班级"在更高境界上的发展。

在本章中，我们首先探讨如何构建班级管理的整体格局，超越就事论事，甚至是疲于应付各项事务的常规情形。在此基础上，更为深入地辨析学生的"发展机制"和教师的"教育思路"。最后，将教育思路展开为清晰可见且可操作的四个环节，以便班主任和学生能够将其转化为日常化的实践行为。

一、理解教育思路的基础：班级管理的整体格局

（一）以三层境界为参照选择班级发展目标

1. 可供参照的三层境界：管制型班级、自主型班级、民主型班级

在本书中，我们倾向于把"班级管理"看作是一个"建设班级"（building a classroom community）的专业活动。这样的教育活动，其专业性不亚于学科教学。从各自追求的

直接的教育目标来看,学科教学的专业性体现在培养学生的"认知系统"上,而班级管理的专业性则体现在培养学生的"人格系统"上,同时,在班级管理中,实现培育"人格系统"这一目标的教育途径是包含认知活动在内的,但内涵与外延更为丰富的交往活动。我们之所以在中文表述中依然采用"班级管理"这一术语,是为了便于和已有的研究,尤其是中小学班主任的实践衔接。类似地,我们理解"班主任工作"时,也将"班级建设"作为班主任的主要使命。

在第一章中我们已经看到:致力于解决"亲子沟通"这类发展问题,这是班级管理的重要内容。同时,面临相似的问题,不同的班主任可以选择不同的处理方式。经过对更多类似的处理方式的考察,我们发现:班主任可以有三个层次的对策。这也代表着班级管理和班级发展的三层境界。①

第一层选择:从班级常规管理的视野来看"亲子沟通"问题,只要它不影响班级生活的正常秩序,就不管它,或者将其控制在正常范围之内。此时,班级管理往往被视作"附属事务",因为学生的主要发展领域、教师的主要专业领域是更为重要的"学科教学"。在这一层境界中,班级属性更像"管制型班级",尽管在班级管理的部分领域有可能出现学生自主的情形。(见图2-1)

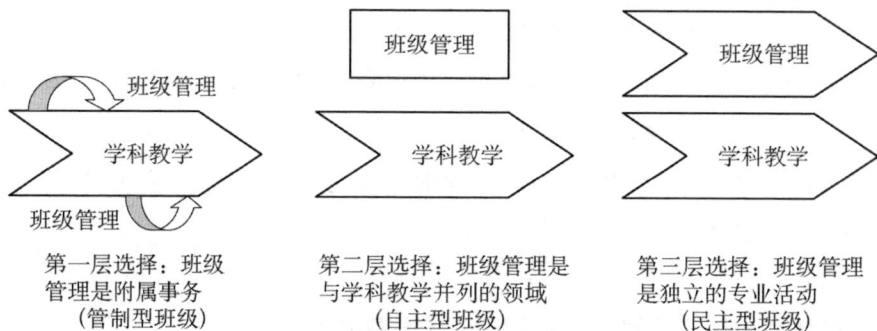

图 2-1　班级管理的三层境界

---

① 我们曾经将班级发展情形区分为五个层次。最近两年,根据新的探索,我们将其区分为三层境界:"管制型班级"(旨在维持秩序,服务于学科教学或常规德育)、"自主型班级"(强调开展自主活动,关注培养学生的活动能力)、"民主型班级"(强调学生生命整体发展,关注通过民主交往培育学生的高尚人格)。参阅李伟胜:《班级管理》,上海:华东师范大学出版社,2010:13—21。

第二层选择：将"亲子沟通"问题用来培养学生自主活动的能力，选择相关的内容组织学生开展"孝敬父母"、"感恩教育"等班级活动。此时，班级管理敞开了与"学科教学"可以并列的教育领域（往往被视作"德育活动"），而不仅仅是服务于"学科教学"的附属事务。在这一层境界中，班级表现为"自主型班级"。

第三层选择：将"亲子沟通"问题用于提升学生的精神生命质量，在与学生充分沟通并用心体会学生发展需要的基础上，带领学生选择恰当的主题开展班级活动，体会生命成长历程中的智慧与尊严（包括作为现代公民民主参与社会生活的智慧），并将其纳入班级发展的整体格局和长远规划之中。此时，班级管理不仅敞开了不亚于"学科教学"的教育领域，甚至有可能将学生在各门学科中的学习经验纳入到学生生命发展、班级长远发展的整体格局之中。在这样的班级中，每一位学生都有可能通过民主交往的方式参与班级生活。我们可以把这一层境界的班级称为"民主型班级"。

这三层选择所追求的班级发展境界显然不同。相比之下，我们倡导超越"管制型班级"、"自主型班级"的情形，追求建设"民主型班级"——这也是"智慧型班主任"应该作出的选择。民主型班级的发展目标就是让所有班级成员通过民主的交往方式参与班级生活（包括日常管理、主题活动和文化建设），并由此提升精神生命质量。这也正是许多优秀班主任已经探索过并取得成功的选择。在这里，班级管理被当作具有独立专业地位的教育活动，而不是学科教学之外的附属事务。

2. 从教育学立场理解"民主"的教育含义

在我们把"管制型班级"、"自主型班级"和"民主型班级"作为一组概念来辨析的时候，我们特别关注它们的不同特征。其中，"自主型班级"超越"管制型班级"的地方在于它在学科教学之外拓展了学生自主活动的空间，而"民主型班级"超越前两种班级的地方在于开拓了新的空间，即通过民主的交往方式带来的精神生命发展。毫无疑问，无论是从当代教育超越传统教育的角度，还是从班级管理超越学科教学的角度，通过民主交往提升学生发展品质都是很值得探索的一个空间。

此时，我们关注到中国的一些优秀班主任乐意采用"民主"、"科学"、"法治"等词语来描述他们的工作特征，其中，对于"民主"的理解也各有自己的侧重点。有的强调"决策过程民主"、"民主表决"、"民主讨论班规班法"、"班费收支账目定期向同学们公布"、"解决学生的学习积极性、主动性问题，解决教师为学生服务、同学生齐心协力搞教改的问题"、"抑制教师自我中心"、"和学生多讨论、多商量"①,有的强调通过"法治"管理让学生在民主生活中学会民主,并认为法治的基本原则和精神核心是"法律至上"和"法律面前人人平等"②,并通过自己的实践证明班级"法治"管理有助于培养中国的现代公民,这包括通过班干和其他岗位工作的轮换来培养每一位学生的能力,也包括对学生进行民主精神启蒙的实践教育③。

随着研究的深入,尤其是结合这些教师的一些典型教育案例,我们感到这方面的探索还可以进一步推进,例如超越对口号式话语的热情引用④,超越对政治学概念的直接引用,澄清对概念的理性认识。此时,我们关注到西方政治学领域中对"民主"的探索历程和多元视角,尤其关注超越传统民主形式的协商民主⑤和社群主义⑥等方面的论述。经过反复思考,我们认为:有必要超越从政治学视角对"民主"的理解,从"教育学立场"⑦辨析"民主"的教育内涵。

具体来说,从教育学立场,尤其是从班级管理的教育专业特性的角度来理解"民主"的内涵,需要运用新的智慧,超越五种情形:(1)程序式民主,即虽有民主的形式(如投票选举班干部),但缺乏实质性的内涵(如投票之前、之中、之后缺乏有主见的辨析和思考);(2)垂范式民主,即有教师的示范(跟学生民主协商班级事务或共同制定班规),但缺乏学生的自主探索,包括超越教师规定内容的新探索;(3)个案式民主,即有民主

---

① 参阅魏书生:《班主任工作漫谈》(第4版),桂林:漓江出版社,2005:321,331,320,351,362—364。

② 参阅李镇西:《民主与教育——一个中学教师对民主教育的思考》,桂林:漓江出版社,2007:45。

③ 参阅李镇西:《民主与教育——一个中学教师对民主教育的思考》,桂林:漓江出版社,2007:97—99。

④ 按照英国分析教育哲学家谢弗勒(Israel Scheffler)的分析,教育语言主要由三种形式构成:教育术语、教育口号、教育隐喻。其中,教育口号一般是非系统化的,在表述方式上也不严谨。由于它通俗易懂,常被人们不假思索地加以接受和传诵。还有学者专门对"教育口号"进行了研究,指出它具有简约性、情绪化(因此而易使人不由自主地受到情绪上的感染)、导向性、明显的价值倾向性等特点。它容易吸引人、感染人、打动人——但也很有可能因此而掩盖了理性思考方面的缺陷,甚至导致盲目相信口号而不深入思考其中的理性依据、实践逻辑和现实成效。这是因为教育口号往往将教育术语的含义情绪化、表面化,不重视语词含义的清晰程度。可参阅郑金洲:《"教育口号"辨析》,《教育研究与实验》1998(3)。

⑤ 可参阅[澳]何包钢:《协商民主:理论、方法和实践》,北京:中国社会科学出版社,2008;陈家刚:《协商民主》,上海:上海三联书店,2004。

⑥ 参阅俞可平:《社群主义》,北京:中国社会科学出版社,1998。

⑦ 关于"教育学立场",可参阅李伟胜:《教育学研究立场三层次析》;叶澜:《当代中国教育学研究"学科立场"的寻问与探究》。两文均载于叶澜主编:《立场》("生命·实践"教育学论丛第二辑),桂林:广西师范大学出版社,2008。该书还有一些相关文章也可提供一些参考。

式的个别交流,特别是教师和蔼可亲、善解人意地跟学生个人交流,但缺乏学生自己的群体交往,从而导致"班"主任的作用简化为对学生"个体"的关怀,进而淡化了对"班级"的教育;(4)认知式民主,即喊出民主口号、引用标准化的民主话语或教科书定义,但缺乏民主行动,尤其是深入到学生日常化的真实生活内容和成长历程的民主行动;(5)工具式民主,即把民主当作处理事务的一种工具(如用投票表决的方式来决定班务,包括推选优秀学生或"三好学生"①),但缺乏育人价值(即没有充分考虑到通过民主的生活方式让每个学生享受到做人的创造感、意义感、尊严感)。

在超越上述五种情形的同时,我们主张:将常态化的民主的交往方式融入班级日常生活,尤其是让学生在主动开展的班级活动中体验由民主交往而创生的智慧和尊严。也许,这是真正激活每一个学生内心生命豪情和伟大智慧的根本之道,也是最能体现教育真谛的班级管理的育人之道,因而也是我们从教育学立场对民主型班级这一概念中的关键词——"民主"的内涵的理解。以第一章讨论过的"主动沟通"这一班会为例,"民主的交往方式"可以具体表现在下面三个方面:

首先,从日常生活中主动敞现"成长性需要"。人们已经熟知:教师应该走进学生的内心、发现学生的真实想法、主动开发更多教育资源。与之相比,"民主型班级"所追求的发展境界更强调"敞现",而不是"发现"或"开发"。换言之,要创造一种让学生放心的氛围,让他们能够自觉、主动而又有分寸地敞开自己的心灵。在此基础上,"民主型班级"还要超越对"缺失性需要"(如纠正错误、不让父母担心)的纠结、对"维持性需要"(保持良好习惯、让家长放心)的满足,进而敞开学生充满希望和尊严的"成长性需要"(在主动沟通中让父母开心)。当每一名学生都能在班级活动中看到自己可以创造的希望空间并将其敞现出来,并与同学和教师共同探索的时候,"民主的交往方式"已经渗透到他们的思想和言行之中,已经让他们期待在群体活动中创造尊严、享受尊严。

其次,自觉辨析交往中的责任、智慧与尊严。在"亲子沟通"方面,我们常见的教育方式是充满柔情地,实际上也是居高临下地激发孩子的感恩之心,教导孩子要孝敬家

---

① 其实,"三好学生"之类的荣誉称号究竟应该是"推选"还是"评选",或者究竟应该是"评"还是"选",至今仍缺乏足够理性的研究和结论。这在某种程度上反映了我国中小学教育(特别是说起来崇高无比、做起来往往是群情激昂的德育)尚未进入更高的理性水平,因此也难以真正代表"最先进的文化",倒有可能还麻木地沉醉于"落后的文化"。

长，提出言行规范让孩子执行。相比之下，"主动沟通"这一班会更为关注的是让学生自主体悟、相互激发孝敬之心，理解家长的关心，理性地面对自己在成长中必然会遇到的困惑（包括出现让父母也困惑的新动态），并在此基础上彰显青春活力，主动承担与家长实现良性互动的责任。在这一过程中，每一位同学都不是靠个人孤独地摸索，而是和同伴、教师一起自觉辨析、相互交流，从而坦然地、充满希望地向前开拓，共同辨析和创造新的生命智慧、生命尊严。

最后，也是最重要的，在主动探索的历程中体验交往共生。如果说政治学意义上的"民主"往往带有工具意义，用来解决一些事务问题，那么教育学意义上的"民主"更多地具有内在价值，即"民主的交往方式"本身就让参与交往的人都享受到生命成长的希望和尊严。换言之，在民主型班级中，民主的交往方式不仅是滋养每个个体精神生命的途径，它本身就是充满希望和尊严的精神生命（包括群体精神生活）的组成部分。就"主动沟通"这一班会来说，这一交往方式更具体地落实在三类交往之中：（1）亲子交往彰显现代气息。让传统的亲情与现代的理性有机结合，同时见证一代新人主动而有智慧地承担责任的创意与自豪。（2）生生交往敞开无限空间。在日常化的同伴互动、小组合作、全班交流（而不仅仅是形式化地在现场呈现）之中，不断敞现每个人的真实生活内容和新的思考，相互激发更多的智慧，让"民主"体现于共同创造尊严的切实行动之中。（3）师生交往充满新的教育智慧。在这里，教师不用刻意率先垂范"平等、自由的交往"，而是敞开让学生自由地探索主动交往带来的新生活、新智慧、新尊严，运用自己的专业智慧及时地在学生成长的关键之处点拨学生，在更开阔的视野中调整信息、协调活动，引领学生通过一步步的民主交往进入更高境界，进入更为自由的发展空间。

于是，在教育学立场所见的民主的交往方式就可以成为凸显班级管理专业品质的一个着力点。具体来说，值得提倡的、体现教育专业特征的学科教学应该以培养学生"认知系统"为中心，运用互动生成的学习方式。类似地，我们倡导的、力图彰显教育专业特征的班级管理就应该以培养学生"人格系统"为中心，运用日常化的民主交往方式。

（二）以系列活动为主线构建班级管理的整体格局

在对"民主的交往方式"作了上述探讨之后，我们还需要进一步思考：从日常化的班级管理实践来说,建设民主型班级的具体行动应该是怎样的? 或者说,如何通过具体的行动来整体性地建设民主型班级?

许多班主任都看到:日常化的班级管理实践内容庞杂,往往政出多门、事无巨细、层出不穷,这容易导致班主任疲于应付。针对这样的状况,我们认为:面对看似多样,甚至繁杂的班级管理工作,理清关键的线索是很有必要的。此时,正如许多有经验的班主任已经做过的那样,可以区分班级管理的工作领域,辨析各领域的工作重点,形成班级管理的整体格局,并很有章法地开展每一方面的工作。在此基础上,我们还可以明确地选择"通过民主的交往方式切实提升学生的精神生命质量"这一班级发展目标,并据此目标来提升各领域工作的价值,由此在班级管理领域梳理出一条清晰的"工作主线",而不是"事务主线",更不是事务"泥潭"。然后,围绕这样的教育主线,我们可以更有条理地整合各种教育资源,构建班级管理的整体格局。

1. 班级管理的工作主线:开展系列主题活动

现在,我们常常组织学生开展班级活动。此时,需要关注并尽力避免两种情形:其一,"跟随潮流",包括跟随节日、其他班级、上级安排、社会风尚;其二,"就事论事",针对班级生活现象或具体问题直接展开教育活动。在这两种情形中,也许活动不少,内容常新,但没有透过学生表现提炼出更有价值的教育主题,一次活动难有深度,前后活动缺乏连贯性,活动的教育影响力也不够。[1]

在多年开展建设"民主型班级"实践研究的过程中,我们从一些班主任的创造中获得了新的启发:首先,不必孤立地举行主题班会,而是将主题班会和前期的策划与准备、后续的总结与延伸等开发成系列"小活动",并将它们整合成班级活动的一个"大项目";其次,着眼于一个学期或学年的班级整体发展,开发系列"大项目",由此激发学生通过一个又一个"大项目"来踏上一级又一级的成长阶梯,最后实现一个学期、一个学年、一个学段的整体发展。这就是我们现在倡导的通过"两层系列活动"[2]促进学生整体发展的新思路。

---

[1] 参阅袁文娟:《不同类型班主任策划组织班队活动分析》,《班主任》2008(3)。

[2] 在以往的研究中,我们将这两个层次的系列活动表述为"系列大班会"和"系列小班会"。参阅李伟胜:《班级管理》,上海:华东师范大学出版社,2010:9,97—100。在近两年的研究中,我们认为采用"系列大项目"和"系列小活动"更为合理,因为并非所有的活动都是"班会"。

在进一步整理这些研究成果时，我们提出：既然将班级管理看作不亚于学科教学的专业教育活动，我们就需要透过这一领域的诸多事务，将开展"两层系列活动"作为一条专业化的工作主线，由此整合各方面的工作内容，有效推进班级发展。在理清这条工作主线时，我们需要透过学生的行为表现，选择最有教育价值的发展问题，从中辨析学生的发展需要，提炼发展主题，然后，据此开展系列主题活动。

（1）聚焦发展问题，提炼发展主题

理清上述工作主线的一个前提，就是研究学生的发展现状，从中提炼出最合适的发展主题。此时，可以考虑如下三个步骤。

首先，从"学生表现"中选择"发展问题"。学生表现是我们凭着感官可以直接了解到的学生的言行举止，尤其是在班级生活中的行为和语言。同样的言行表现，我们可以从不同角度理解，由此得出不同的结论。例如，面对学生在课间的喧闹，有的人看到的是"规范很差、纪律不好"，有的人看到的是"行为合格，但不够文明"，有的人看到的是"充满活力，但活动水平不高"。也就是说，面对同样的学生表现，可看到不同性质的发展问题。

许多教师的经验和研究表明：辨析"学生表现"中的各种表象及其背后的相关因素，进一步从中选择"发展问题"，这是见证班主任专业智慧的第一个重要挑战。在这里，发展问题就是立足于对学生的真切了解，站在学生发展的角度，从行为表现中透视出来的、符合一个班级学生实际的教育问题。例如，由课间喧闹看到的三个问题，究竟哪一个更符合本班的实际？显然，简单"跟风"、"应景"或"就事论事"的班主任往往用简单的思维遮蔽了这方面的探索，真正用"心"爱学生的教师，在此会作出更为合理的判断。

其次，透过"发展问题"辨析"发现需要"。从"学生表现"中看到哪些"发展问题"，也考验班主任是否能发现学生不同的发展需要。人的自主行动受到自主需要的引导，因此，有必要透过问题辨析学生的需要，以便让新的教育活动满足、引领并提升这些需要。此时，"世界上并不缺乏美，缺乏的是发现美的眼睛"这句话可以给我们带来新的启发。对于班主任来说，我们自身"发现美的眼睛"取决于我们自己的价值取向、专业素养（例如是否能看懂学生的真实需要，包括连他们自己都未必能清楚意识到并表达出来的需要）。如果我们拥有专业的"发现教育美的眼睛"，我们就会透过"发展问题"

辨析学生更高的"发展需要",进而带领学生拓展出更好的发展空间。

在这里,发展需要不应被简单地等同于学生外显的"要求"、"愿望"或"缺点",而应被看作学生在生命成长过程中更为积极的内在需要。对这一概念,特别要把握"成长"、"积极"和"内在"这三个关键特征。[1] 据此,我们主张:超越对"缺失性需要"(因发展低于正常标准而引起的弥补缺陷或消除麻烦等需要,如纠正违纪行为、克服心理障碍)和"维持性需要"(按照正常标准维持正常状态的需要,如维护环境整洁、保持学习兴趣)的关注,敞开由"成长性需要"(超越常规标准的更高境界的追求,如在正常交往之上进一步提高交往质量、在学习状态正常的基础上优化学习方法等)代表的希望空间。[2]

最后,从"发展需要"中提炼"发展主题"。在经过上述专业努力之后,如何让整个班级的同学都向往一个更好的发展方向,这是考验班主任专业智慧的又一挑战。为此,我们应该着眼于学生的长远发展,而不是就事论事地解决琐碎的事务问题。从已经敞现出来的更高的"发展需要"中进一步提炼出整个班级一个学期或一个学年的"发展主题",这样的发展主题是用以组织活动内容和活动形式的一个思维聚焦点。在整合各种相关资源、协调相关人员(尤其是学生分工合作)时,由这个思维聚焦点展开清晰的思维线索。

上面的这三个步骤,可以逐步实现,也可以同时实现,因为更有专业智慧的教师能够同时透视更复杂的场景,看到更专业的因素。其中,在提炼班级发展主题时可以综合考虑时尚潮流、上级部署等因素,但一定要扎根于学生的真实发展需要。——类似的要求,可以进一步落实在后面对具体的活动主题的选择之中。

(2)围绕发展主题,开展两层系列主题活动

在发动学生参与策划的基础上,将经过前述三个步骤提炼出来的班级发展主题进一步拓展,形成系列活动主题,然后据此策划两个层次的"系列主题活动"。

---

[1] 参阅李晓文:《三探学生的"成长需要"》,《基础教育》2006(3)。

[2] 此处参阅了马斯洛提出的"需要层次理论"。在将人的需要区分为五个层次的基础上,他将"自我实现的需要"称为"成长性需要",其他四个则是"缺失性需要"。后来,他还曾提出"存在性需要"、"超越性动机"等概念。[参阅郭永玉:《马斯洛晚年的超越性人格理论的形成与影响》,《华东师范大学学报(教育科学版)》2002(2)。]——我们这里的思考,是从教育学的角度审视学生的发展需要。我们从马斯洛理论中获得了启发,但我们显然有了自己的选择,而不是直接应用马斯洛的理论。

第一个层次是"系列大项目"。可以将整个学期或学年的发展主题分解为每个阶段的活动主题,然后围绕每个阶段的活动主题策划一个"大项目"(每个"大项目"中包括一系列的"小活动",这就是第二个层次系列活动),于是,在一个学期或学年中,就可以呈现出先后实施的若干个"大项目"——它们前后相连,解决一个又一个的发展问题,共同服务于一个班级的学生发展,由此形成"系列大项目"。这相当于在一门学科中前后学习的多个"单元"或"模块"。如果我们确实着眼于学生的长远发展,那就有必要整体规划一个班级在一个学期或学年中的整体生活内容,此时,根据学生发展需要来策划系列"大项目",就是一种可行的选择。

第二个层次是"系列小活动"。这就是在每个"大项目"中,围绕活动主题,发动学生分工合作,同时或先后开展一些具体的活动。由此形成的"系列小活动"就相当于学科教学中的一个"单元"中的若干课时的教学活动,或一个"模块"中的若干个学习任务。换言之,策划"系列小活动"其实就是对"一个大项目"的整体设计。例如,针对"亲子沟通"的问题,就可以有如此活动设计。

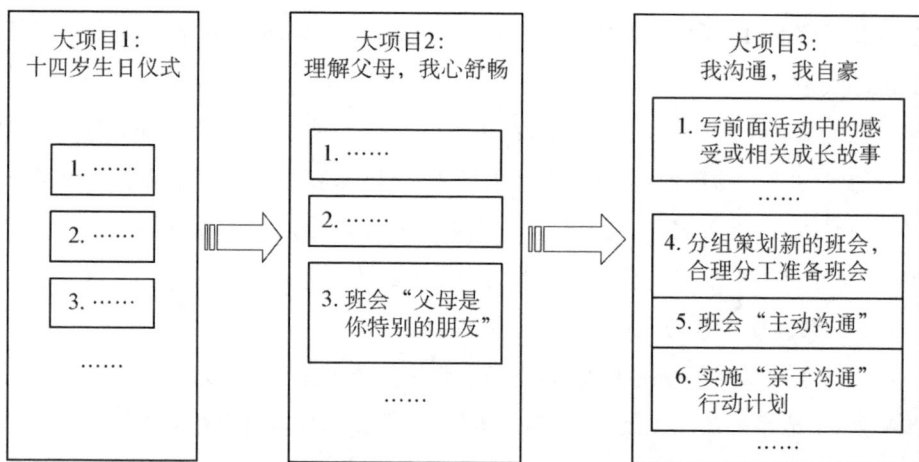

图2-2 针对"亲子沟通"两个层次的系列主题活动

(其中,"大项目3"内部展开为由多个"小活动"组成的第二展系列)

在图2-2中,第三个"大项目"中的主题班会"主动沟通",我们已在第一章中介绍并讨论。我们可以从这个案例中看到,在一个"大项目"的"系列小活动"中,现场举行的"主题班会"就属于最重要的"小活动"。

"主题班会"之所以最为关键，是因为它有三个方面的独特作用：第一，交往性质更真实。在这里，班级成员面对面的沟通，是最直接、真实和充分的交往活动。第二，交往内容更丰富。它最有可能直接针对具体的发展问题展开深入交流，由此生成的资源（尤其是每个个体的生命体验）在真实性、丰富性和深刻性上有更独特的优势。第三，交往效果更明显。现场活动有时间限制，这能促使师生尽最大努力去高效地汇集和整合各种相关资源，形成更明晰的目标、更开阔的空间，让学生实现更高品质、更具有可持续性的新发展。因此，"主题班会"（作为系列"小活动"之一）可以成为一个"大项目"中的关键节点，让其他"小活动"的价值得到更大的提升。

至于如何根据"大项目"活动方案实施"系列小活动"，许多班主任已经有了成熟的经验，如：首先，搜集资料，整合资源，将"深化体验"与"拓展视野"相结合；其次，整理资料，认真准备，将"个体创造"与"群体合作"相结合；最后，尽情展示，充分交流，让"自觉辨析"与"主动选择"相结合。根据已有的探索，这里需要强调：一方面，每个"小活动"中的具体细节要生动、具体，既能激发学生的兴趣，又能敞现学生的智慧；另一方面，每次"小活动"，特别是"主题班会"，要有逐步推进的活动结构，如同学科教学中一节课要有合理的"课堂教学结构"一样。在本丛书中的另一本书《班主任工作的系列活动》中，我们可以看到关于这方面的详细讨论。

经过多年的探索，尤其是许多班主任参与到实践研究中来，我们有信心认为：由"系列大项目"和每个"大项目"中的"系列小活动"构成的两层系列活动，可望激发学生踏上一级级成长的阶梯，最后实现一个学期、一个学年或一个学段的整体发展。这可以成为班主任带领学生实现更高品质发展的一种新选择。也许，在条件合适的情况下，这些活动可以成为学生的课程，或者融入到现有的学校课程体系之中，或者开辟一个新的课程领域——这正是我们下一步将继续研究的新课题。

2. 以系列主题活动为主线的班级管理整体格局

超越"跟随潮流"和"就事论事"地开展班级活动的常见情形，理清学生在班级中实现发展的主题并据此开展两个层次的系列活动，这已经是一些优秀班主任主动梳理出来的班级管理的工作主线，它可以让班主任在这个领域逐步找到不亚于学科教师身份的专业感觉。不过，班级管理这一领域的工作毕竟不只是开展主题活动，因此，还有必要进一步理清系列主题活动与班级管理的其他方面之间的联系,由此构成一个整体格局。

在我们看来,班级管理的这种整体格局,可以分三个步骤来构建。

首先,将班级管理区分为三个领域——日常管理、班级活动、文化建设。我们从诸多同类著作、论文和相关研究中看到,班级管理(班主任工作)好像内容庞杂、事务繁多,甚至可以说是无边无际(只要任课教师不管的事都是班主任的事)、没完没了(许多部门会不断布置各种任务,学生也会不断生成各种新的需要)。如果将这些工作内容划分为日常管理、班级活动、文化建设这三个领域,形成更为系统的工作方法,也许我们就可以不再疲于应付各种事务,而是有条有理地维护班级秩序,并在此基础上推进学生发展(有的研究者采用"班级文化建设"这个概念来取代"班级管理"或"班主任工作",此时,可以把这里所说的三个领域改称为常规管理、学生活动、环境建设等术语)。

其次,将三个领域中的"班级活动"作为最重要的教育领域来开发。这是因为,只有通过活动才能让一个人与外部世界(包括其他人)相互沟通,从而让自己的精神生命得以不断发展,如同只有通过呼吸或其他新陈代谢活动才能让自己的生理生命得以不断生长一样。同时,班级活动也是最能让班主任不亚于学科教师素养的专业本领得以充分施展的领域。进而,在"班级活动"这一领域,我们可以采用前文所说的两个层次的"系列主题活动",形成促进学生一步步发展的活动系统,犹如每门学科中促进学生发展的一个个"单元",和每个单元中的一个个"课时"的学习活动。

再次,以"班级活动"领域的两层"系列主题活动"为主线,融通三个领域。这就是说,让"日常管理"和"文化建设"融入到这条工作主线之中(见图2-3)。与之相比,需要超越的情形有如下两种:其一,以"日常管理"为核心,满足于维持班级秩序,班级活动与文化建设则随机进行(往往根据上级布置来做,而不强调关注本班学生独特的发展需要)。这就是前文所说的"管制型班级"的情形。其二,三个领域相互并列,并在此过程中适当敞开学生自主活动的空间,但不强调根据学生一个学期或一个阶段的发展主题来开展系列主题活动。这大致相当于前文所说的"自主型班级"的情形。

在这样的整体格局中,以"班级活动"(特别是两层"系列主题活动")为班级管理的核心领域,就需要让"日常管理"和"文化建设"这两个领域从两个方面发挥作用:(1)基础性作用,即让日常管理和文化建设进入正常且充满生机的状态,为开展系列主题活

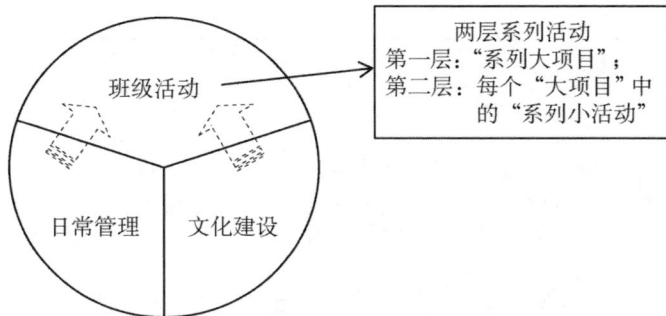

图 2-3　班级管理(班主任工作)的整体格局

动提供良好的基础条件。(2)拓展性作用,即根据系列主题活动的需要,通过日常管理组织同学们积极参与、合理分工,通过文化建设敞开更为辽阔的空间和舞台,让师生主动创造,并自豪地展示生命活力。例如,通过黑板报、墙报或网页及时发布主题活动中搜集、整理和生成的信息,如照片、视频、同学们写出的成长故事或体会;及时编辑班刊、班报或各小组、各位同学的"手写小报";与此同时,协调班干部或"小岗位"的分工,通过灵活的管理方式让同学们自豪地承担相关任务(如班刊或黑板报主编、节目导演、协调员等)⋯⋯

　　以上面讨论的针对"亲子沟通"开展的系列主题活动为例,围绕着这一工作主线,师生在其他两个领域也都作了积极的探索。于是,可以看到新的工作格局。

表 2-1　以"班级活动"为主线的班级管理整体格局

班级活动		日常管理	文化建设
系列"大项目"	系列"小活动"		
⋯⋯	⋯⋯	1. 共同参与制定班级发展计划 2. 常规班委 3. 值日班长,轮流任队长 4. 设立类型丰富的岗位	1. 通过岗位评议,形成民主的人际关系 2. 班级环境设置多个板块,敞开心灵对话的新空间 ⋯⋯
十四岁生日仪式	⋯⋯		
父母是你特别的朋友	⋯⋯		
我沟通,我自豪	1. 写前面活动中的感受或成长故事 2. 收看"十四岁生日仪式"等录像		

班级活动		日常管理	文化建设
系列"大项目"	系列"小活动"		
	3. 组内调查：我和父母的争执或分歧 4. 分组策划新班会，分工准备班会 5. 主题班会"主动沟通" 6. 实施"亲子沟通"行动计划 7. 记录新的体会和故事，分享交流		

注：

1. 在这样的班级管理整体格局中，"班级活动"是工作主线，其他两个领域——"日常管理"和"文化建设"为"班级活动"提供基础性、拓展性的服务。

2. 表2-1实际上就是我们主张由师生共同制定的《班级发展计划》（包括班级发展基础、班级发展目标、班级发展措施三个板块）中的最重要的部分："班级发展措施"。显然，在学期开始时，这个计划中的系列"小活动"只能是初步设想，因为其具体内容往往要随着学生发展的实际而不断生成。

3. 在班级管理整体格局中灵活调整具体工作内容

实际上，在许多班级，在"班级活动"、"日常管理"、"文化建设"融为一体时，日常管理领域中的"改选班干部"、"竞聘小岗位"、"小岗位任职感受交流"（或"谈谈岗位苦和乐"）和文化建设领域中的"我是教室美容师"、"为班级网页添光彩"等主题就可以生发出来。如有必要，可以将其开发成主题活动，融入到班级管理的工作主线——两个层次的"系列活动"之中。这就是说，我们可以在班级管理的整体格局中灵活调整，而不是机械地划分这三个领域。这方面的尝试主要有如下两种。

（1）利用主题班会处理日常管理事务

日常管理是班级管理的基本层面，可以为开展系列化的、逐步引领学生往更高境界发展的主题活动提供基础条件。另一方面，它也可以采纳主题活动中生成的一些新的班级生活规范，从而推进日常管理水平的提升。在这方面，许多班主任都曾就民主选举班委会、全班同学共同制定班规等问题，通过开展主题班会的方式，共同商议、讨论。

当然，究竟何时将日常管理事务开发成班级活动主题，如何据此策划和开展主题活动，这都应该根据班级发展的实际需要来灵活选择。如有必要，可以围绕一个核心问题,系统策划一个"大项目"(将主题班会作为其中的"系列小活动"之一),并据此推动整个班级生活进入到一个新的境界。下面这个"大项目"活动方案,可为我们提供一些借鉴。

选出新班长,激发新活力①

——初二(3)班"民主改选班长"主题活动方案

一、活动主题及依据

(一)活动主题

选出新班长,激发新活力。

(二)选题理由

在前面的学科教学改革中,虽然采取了一些举措,但进展不大,效果不明显。根据老师们的反映和同学们的反思,发现其中一个重要原因在于班级的整体精神面貌不够理想,同学们学习积极性不高。例如,班级生活反映出一些生动的内容,但积极向上的蓬勃气象还不明显;虽然也意识到要有更好的学习表现,但缺乏明确的个人学习目标和班级奋斗目标,也缺乏积极拼搏、力争向上的斗志;大家都希望有个好的班级氛围,但却缺乏团结精神;班干部主动管理的能力不强,往往需要最后动用班主任的绝对权威。

面对这样的情况,班主任和同学们商议,通过改选班委会来激发大家思考如何解决这些问题。这并不意味着原来的班委不合格,而是我们需要全班同学一起来思考如何让班级有新的发展,激发出新的班级活力。因此,原来的班委也可以参与新的竞选。经过协商,同学们决定先选出班长,再由班长"组阁"(组建班委),并征求同学们的同意。

二、活动目的

1. 通过竞选班长的活动,激发同学们分析班级现状、探索发展思路的热情和智慧,锻炼同学们的胆量和自信,勇于表现自己,主动为班级服务。

2. 通过公平、公正、公开的竞选活动,更新班干部队伍,提高班干部策划班级

---

① 这是根据作者于2002年参与的上海市静安区一个初中班级的主题活动整理而成的。

发展、实施班级活动的能力,提高班级生活质量。

三、主题班会之前的系列"小活动"(作为"主题班会"的前期准备)

1. 通过问卷调查了解同学们对班委和班级发展的看法。调查表明,同学们习惯于对班干部角色的传统解释——协助班主任管理班级、为同学们做好具体的事务。班干部的主要职责就是维持班集体的正常存在、常规运行,落实老师布置的任务。尽管如此,同学们对于通过担任班委体验不同角色、不同职责表示出了明显的兴趣,并期待新的班委能够以身作则,带领同学们把班级建设得更好。

2. 确定竞选程序。决定采用匿名张贴竞选纲领、然后就竞选纲领选出三位同学参加最后竞选的办法。同学们提出,如果沿用以前方式,有两个弊端:其一,每个人脑子里只有那些"老干部",改选也就会只成为一种形式,埋没了许多有才华的"精英";其二,有的同学只选自己的好朋友,根本不看是否符合要求。

3. 撰写竞选纲领,并匿名公示一周。十位有兴趣的同学写出自己对班级情况和班委会改选这件事的认识,初选出其中合格的七份作为《竞选纲领》,并匿名编号张贴出来,让同学们在一周内评阅、讨论。

4. 针对匿名张贴的七份《竞选纲领》投票,选出三位竞选者。然后,三位竞选者可以准备在主题班会上公开竞选,包括组建自己的"内阁"、通过多样化的方式宣传自己的"施政思路"。

5. 各组同学准备对竞选者提出有挑战性的"考验题",包括通过小品等方式呈现班级生活场景。

四、主题班会的主要环节(作为系列"小活动"中最重要的一个)

(一)三位竞选者陈述《竞选纲领》

三位竞选者依次登台陈述自己的《竞选纲领》。

可以根据自己的需要组织团队,通过多种方式(如展板、小品、相声等)来宣传自己的想法。

(二)各组同学提出自己关心的问题来"考"三位竞选者

1. 各小组拿出事先准备好的提问内容(可以适当调整)。

（1）班委会如何倾听同学们的意见，以身作则，抓好常规管理。

（2）针对学习状态不够理想的情况，如何提高同学们的学习热情。

（3）针对班级凝聚力不够强的问题，开展哪些活动。

如果可能，可以事先请同学准备一些反映班级生活状况的小品，用来"考验"竞选者的应对措施。

2. 在三位竞选者回答时，鼓励他们相互提醒、补充。

（三）同学们投票、唱票，并分小组对新任班长提出希望

1. 投票。

2. 派三位同学唱票、监票。

3. 在唱票的同时，各小组写下对新任班长的希望。

（四）总结

1. 当选者发表"施政演说"

2. 班主任总结。

3. 全班齐唱班歌。

五、后续活动的设想

1. 新任班长"组阁"，提出新的班委人选，并征求同学们的意见。

2. 新任班委针对《班级发展计划》提出调整意见，尤其是如何组织同学们开展自主活动。其中，汲取多份《竞选纲领》中的好主意。

3. 依照新的计划，开展班级活动。

上文这个"大项目"活动方案，并不是将"民主竞选"作为一个"就事论事"的工具，也没有满足于班长和班委延续配合教师维持纪律的基本要求，而是根据班级生活的新需要，围绕竞选班长这一中心任务，激发全班同学一起参与反思，展望班级发展，激活每一位同学民主参与班级事务的意识。在此过程中，新的班长就会主动锻炼自己的思考能力和执行能力，感受到大家的信任和后续班委工作的挑战，并学会跟同学们民主协商，共同策划和落实班级管理的新举措，包括制定并实施班级活动计划。于是，通过活动来"成事育人"的追求就得以逐步落实在具体的活动之中，班级的日常管理也就有可能迎来新的局面。

（2）通过主题活动推进文化建设

班级的文化建设也具有日常性，但是，一旦班级生活需要，特别是学生发展需要，它也可以成为班级的阶段性主题活动。这既包括根据学校生活的总体部署（如艺术节、迎接新学期或"庆元旦"、迎接诸如奥运会之类的大型活动）而开展的美化环境、营造教育氛围等活动，也包括根据班级的实际将精心装扮教室等活动开发成逐步引领学生运用审美的眼光来观察世界、美化生活的系列教育活动。下面就是一个班级曾经开展过的相关活动。

"我是教室美容师"主题班会方案①

一、活动目标

1. 鼓励并组织学生积极参与"教室美容"工作，主动承担或与同伴共同承担其中的一项工作，在活动过程中进一步培育学生的班级主人翁意识。

2. 以"教室美容"为载体，创设学科整合的时空，在此过程中，增强合作意识，学习策划方法，提高审美能力。

3. 启动用"班级文化建设"提升"班级建设品质"的探索，沟通岗位建设与文化建设的内在联系，通过岗位工作将班级文化建设逐步制度化。

二、制定依据

1. 学生分析

三年级学生大多在九、十岁的年龄，较之于低年级孩子，他们的知识经验丰富了、自主意识增强了，逐步减少了对教师、家长的依赖，活动中表现得较有主见，还有了一定的组织能力。但就是这样一群处于儿童期向少年期过渡的孩子们，却还无法找到个体与集体共同发展的连接点。他们的自主意识强，但自我管理能力还不够；合作的意识有，但能力和方法还欠缺。因此，这个年级段的班级文化建设尤显其重要性和特殊性。

---

① 这是常州市第二实验小学的邵沪杰老师带领学生开展的系列主题活动之一。http://www.czedu.gov.cn/disp_3_236_5181.shtml,2007 年 5 月 18 日。

2. 活动背景

班级文化建设有多层结构:最显性的是教室环境布置;处于中间层面的是班级的制度、各项比赛获奖等方面的情况;最隐性的是班级人际关系和班风。联系自己的班级实际情况,我发现在低年级时,由于受学生能力限制,班级的文化建设(主要是外显的教室环境布置)呈现出教师主导、学生参与的状态,这一起步阶段其实也不可或缺,它是学生模仿学习、积累经验的基础阶段。进入中年级后,随着学生视野的开阔、能力的提高、需求的增加,对班级文化建设的参与意识明显增强。既然"教室的环境布置"是班级文化建设最显性的层面,何不利用"我是教室美容师"这一主题活动,为学生成为班级文化建设的主力军提供锻炼的舞台呢?

基于此考虑,我有了用班队活动这个"小支点"撬起班级文化建设这个"大地球"的想法。为了能较好地达成活动目标,我组织学生静下心来讨论:该怎样围绕主题有序地开展活动,并在此基础上形成了活动系列。

三、系列设计

系列之一:展望"美容"前景(参观他班教室,汲取亮点经验,畅谈理想教室);

系列之二:展开"美容"行动(确定改进项目,自主选择申报,小组分工合作);

系列之三:展现"美容"风采(每组汇报展示,大组交流互动,实施多元评价);

系列之四:展示"美容"成果(吸纳改进意见,完善班级制度,分享成长快乐)。

本次活动是"我是教室美容师"系列活动的第三阶段。由于前期各个小组都是分头准备,虽然"美容成果"已逐步在教室显山露水,但小组与小组之间还是缺乏沟通与了解,小组意见还没有得到全班同学的认可,并趋于"完美",因此,本次活动,一是前期活动成果的汇报与交流;二是要形成班级布置新的格局,将班级文化建设推上新的台阶。

四、活动过程

活动环节	教师活动	学生活动	设计意图
唱响"美容师之歌"	组织演唱	唱响本次活动主题歌——"教室美容师之歌"	强化活动主题意识,营造和谐、愉悦的活动氛围

活动环节	教师活动	学生活动	设计意图
展现 "美容区风采"	1. 谈话,揭示活动主题; 2. 组织各小组汇报、交流、互相评价; 3. 随机点评,肯定学生的成长,提升学生认识和活动内涵	1. 各小组用不同的形式介绍自己美容区的内容; 2. 现场与其他同学互动:征求意见、求助、评选……; 3. 小组成员通过商议,对其他小组作出评价	1. 对前期活动成果进行汇报与交流; 2. 形成班级布置新的格局,将班级文化建设推上新的台阶
亮出 "美容区广告"	1. 组织各组成员进行小结式活动; 2. 布置后续活动内容及要求	1. 小组快速商议,亮出广告; 2. 明确后续活动内容及要求	激发学生的成就感,并为后续活动作好情感铺垫

在这个案例中,"我是教室美容师"系列主题活动中的每一项都是一个"大项目",每个"大项目"中实际上开展了一系列的"小活动"。于是,可以看到:这样的系列主题活动的开展过程就成为这个班级在三年级这个阶段的一段辉煌的发展历程。班主任之所以能够有这样的战略构想,是因为有一个"智慧型班主任"的战略视野。我们可以在下面的陈述中看到这种战略视野。

进入中年级的孩子,较之于低年级孩子,他们的知识经验丰富了,自主意识增强了,逐步减少了对教师、家长的依赖,在各项班级活动中也表现得较有主见,还有了一定的组织能力。但就是这样一群处于儿童期向少年期过渡的孩子们,却还无法找到个体与集体共同发展的连接点。他们的自主意识强,但自我管理能力还不够;有合作的意识,但能力和方法还欠缺。因此,这个年级段的班级文化建设尤其显得重要和特殊。那么,如何开展有效的班级文化建设来促进中年段学生的发展呢? 既然"教室的环境布置"是班级文化建设最显性的层面,何不利用这一主题活动,为学生成为班级文化建设主力军提供锻炼的舞台呢?

……自从开展"我是教室美容师"主题系列活动后,我一直在思考:这样一个文化小团体已初步形成,该开展怎样的后续活动才能使他们继续保持良好的合作状态,从而从单一的"教室环境布置"活动进入到"班级文化建设"这一层次上来呢?此时,每天10分钟的夕会活动进入了我的视野。……

如果说"教室环境布置"是活动的外显形式的话,随着夕会活动的深入开展,一种内隐的"班级文化"正在悄然成型。它是一种由学生能力的纵向提升与学生视野的横向拓展相交织的立体文化。学生能力的纵向提升是指学生从一开始纯粹的动手操作能力到后来的审美能力、合作能力、展示能力的步步提高;学生视野的横向拓展主要是指因各个美容区主题指向各个不同视角,学生在与各个美容区活动亲密接触的过程中,也自然与外面的大世界有了或多或少的沟通,视野随之逐步拓展。①

在班主任的这种战略视野中,学生的发展就会越来越有气魄,同时也越来越具备精深的品质。这证明:"智慧型班主任"带领学生主动开拓的发展空间确实可以让人充满更大的希望。

透过上述案例,我们看到"日常管理"和"文化建设"中的资源可以汇成"班级活动";反之,在系列"班级活动"中生成的一些资源也可以融入"日常管理"和"文化建设"领域,例如为提高同学们的自主管理水平而建立班级生活的新规范、将活动中产生的新信息放在教室的环境建设之中……总而言之,在班级管理的整体格局中,一旦理清了开展"系列主题活动"这条工作主线,我们可以灵活调整具体的工作内容与活动方式,共同服务于提升学生的精神生命质量。

二、理清教育思路的线索:学生在群体交往中的发展机制

促进学生发展,但不是代替学生发展,这是所有教育活动应该发挥的作用,班级管理当然也不能例外。但在实际中,依然常见一些班主任往往以告知自己的想法或宣告

---

① 参阅邵沪杰:《让"教室环境建设"成为"班级文化建设"的"启明星"——记主题系列活动"我是教室美容师"的开展历程》,载于李家成等:《"新基础教育"学生发展与教育指导纲要》,桂林:广西师范大学出版社,2009:181—185。

权威的规范来替代学生的自主思考、探索和行动。这实际上就在忽视学生的自主发展机制，自以为"我说了"、"他们听了"，就等于"他们懂了"、"他们会做了"、"他们就成为我们喜欢的好学生了"。事实证明，这样的教育思路有着明显的逻辑缺陷。为了弥补这样的缺陷，我们确有必要站在学生的立场，认真辨析学生的自主发展机制。在"民主型班级"中，这样的自主发展机制又与班级生活中持续、密切而深入的群体交往直接相关。这与我们从教育学视角理解"民主"这个关键词的意义是一脉相承的。

这就是说，为了从教师的立场来辨析"教师的教育思路"，我们需要先从学生的立场理清"学生的发展机制"，并将其作为理解"教师的教育思路"的内在依据和思考线索——这是我们在后面理解"教育思路"的内涵和展开过程的一个前提。

下面，我们先来看一个针对学生个体的教育案例，然后透过这个案例来辨析值得关注并有效利用的"学生在群体交往中的发展机制"。

（一）针对学生个体的教育案例

"屈辱地玩"和"自豪地玩"[①]

王同学，是一个表面看起来非常文静、聪慧的男孩，与同学交往得很不错，有很好的人缘。但是，在与父母的交往中，却时常出现不和谐。他时常不及时告知家长自己的去处，也不尝试和父母沟通，而是采用说谎的方式编造各种理由，换来与同学在一起玩耍的时间，而且常常在外玩耍六七个小时也不回家。在大多数情况下，都是他主动邀请同学一起玩。结果，本来很正常的同学间的交往，却由于他的说谎等原因，变得复杂化。

类似的事情一次次发生。每一次事情发生过后，他都有"深刻"的反省、"坦诚"的表态、"坚定"的决心。但是，随后他又会变换不同的方式，出现同样的问题。

他性格较为内向，不善于表达。在多次与他当面谈心之后，我发现与他面谈起不了很好的作用。不过，我发现，他的文笔很好，因此我常常让他采用书面的形式反思自己的行为。这样做，确实在一段时间内产生了很好的效果。在同学、家

---

① 本案例作者为上海市曹杨第二中学附属学校缪红。载于陆桂英主编：《建设民主集体，共创阳光人生——上海市曹杨第二中学附属学校班级建设实践研究》，上海：华东师范大学出版社，2007：97—100。引用时稍作修改。

长及老师的帮助下,他下定决心痛改了进网吧毫无节制地打游戏的恶习,就是一个很好的证明。可惜,过了一段时间,同类的问题又出现了,从而宣告了这种方式的失效。最严重时,他短时间内两次不回家,彻夜在外游荡或进网吧玩游戏。

我反思了一下处理这一系列事情的经过,发现王同学好像是一只被囚禁的小鸟,想尽一切方法要飞出鸟笼,有时不惜用撒谎的方式。他也很在意自己的面子,包括在同学面前的形象。我想,可不可以从中找到促进他更好发展的契机?在与课题组指导老师商量的同时,我也在尽力运用创建民主型班级的基本思想,看看可以从哪些方面入手。经过一段时间的探索,我终于理清了三个方面的工作思路。

1. 协调家庭教育力量,营造积极的精神氛围

我想,孩子出现了这类问题行为,家长是不是在教育中有不妥当之处呢?俗话说:家丑不可外扬。但是,王同学的母亲则无论发生什么事,都要告知周围亲友,对此,王同学曾表示过不满。于是,我就建议家长:在与王同学的交谈中,是否能换一种彼此尊重的口吻,多一些鼓励,少一些唠叨。他母亲首先答应采纳我的建议,并进行尝试。

不过,亲子交往显然需要双方都有积极的行动。到了2006年5月,我们班举办"父母是你特别的朋友"主题班会时,通过一系列的策划、准备、实施和反思,同学们领悟到:亲子间的冲突不是因为父母变了,也不是因为自己变坏了,而是因为自己正在长大。具体到王同学这里,他为自己出生在一个平凡而朴实的家庭感到自豪,并为时时感受到家庭的温暖而感到快乐。同时,他也坦诚地剖析了自己身上的缺点,并把这些缺点的成因归结为自己没有责任心。追根溯源,造成他没有责任心的原因可能是,在幼年时父母工作忙,他和爷爷奶奶生活了七年,而爷爷奶奶过于宠爱。不过,在进一步的反思中,我们还发现,这与他自己对亲人的关心缺乏体会,更不知道如何珍惜和回报有一定关系。通过这一次班会,学生与家长互相增进了了解,也试着用换位思考的方法来接纳对方,共同形成教育的合力。在班会现场,我们特地安排王同学与他的母亲参与互动环节。由于他与母亲共同的努力,这一互动环节为班会,乃至围绕这次班会开展的一系列活动增添了亮色。同时,他们之间的关系也有了明显的改善。

2. 利用班主任的专业智慧,帮他辨析"有尊严"的生活境界

就在筹备"父母是你特别的朋友"主题班会的过程中,我们不仅创造机会让王同学反思,让他与父母相互交流,更注意利用本课题的研究资源,依据建设民主型班级的指导思想,教他辨析不同境界的日常生存状况。

在一个周末,我邀请他和存在类似问题的几名学生,与他们的父母一起对话。同时,我还邀请课题组指导老师一同参与。在交流中,我们首先让学生们敞开心扉,主动袒露自己的心迹。在被问及自己所理解的理想的生活状态时,他说:"无忧无虑地玩。"针对这一天真的想法,我们在讨论中发表了多种看法。我们一方面肯定他这种追求有一定的合理性,另一方面也逐渐澄清了一种观点——他所理解的"无忧无虑地玩",其实存在两种情形,它们代表了两种生活境界。

第一种境界:"虚伪的快乐"和"屈辱地玩"。为什么要逃避父母,放肆地玩?其实,正是因为自己没有做好应做的事情,即完成好学习任务,包括按时完成作业、不断改进学习方法、提高学习水平,同时,也是因为自己不会勇敢地面对现实,与父母坦诚地沟通,所以,遇到问题就采用"鸵鸟策略"。在这种状况下,他看起来是在"无忧无虑地玩",其实是怀着阴暗的心理,逃避"阳光地带",躲在阴暗的角落,孤独地享受着一时的麻醉,而并不拥有真正的快乐。这时,他就是在"屈辱地玩",他所享受的也就是"虚伪的快乐"。

第二种境界:"真实的快乐"和"自豪地玩"。如果他能主动承担自己作为一个小小男子汉的责任,自觉地完成学习任务,让父母和老师放心,那么,此时,他就能享受到真正的自由(他的父母当场表示:"儿子,你如果能这样,你想怎么玩就怎么玩!"这句话让大家都开心地笑了起来)。即使暂时遇到一些问题,甚至发生一些冲突,大家也会以充分的信任为基础,大度地解决,而不是一味逃避。此时,他就进入了"阳光地带",因为他自己拥有了"阳光心态",父母也有了"阳光心情",他是在"自豪地玩",他所享受的也就是"真实的快乐"。

于是,原先模糊的生活状态,就这样被我们用班主任的专业智慧澄清了出来。随后,两种状态、两种选择也就摆在他的面前。他当场表示,愿意选择第二种状态。——此后,需要我们共同做到的,就是如何协调各方面的因素,帮助他形成稳定的活动方式了。这既包括前面说到的协调家庭教育力量,也包括后面要说到的

开发班级教育力量。

3. 向内开发班级教育力量,培育良好的成长环境

在一系列班级活动,包括前述的班会筹备和实施活动中,我们不仅为王同学提供了多种自我反思、自我教育的机会,而且还注意将他个人的成长与班级整体的发展协调起来,让个人的成长与班级的发展形成相互支持的局面。

在筹备"父母是你特别的朋友"主题班会时,同学们在周记中反思了与父母的交往。其中,王同学写了这样一段话:"每当我出去玩,而没有跟家里说一声时,我总想打电话。但一想,他们一定不会同意我出去玩,于是只好不打。可每次发生这种事情以后,我又是无比地后悔,所以非常地矛盾,不知是告诉父母好,还是不告诉好。"虽然整篇反思还是留有草草了事的痕迹,但因为与前两次相比暴露出了自己真实的想法,因此,这篇反思勉强过关。尽管我没有要求他进一步修改,我还是提出了一些建议。

随后,让我惊喜的情形出现了。在进一步策划这次班会时,我翻看了学生们新写的体会,竟然意外地看到了王同学主动写的新体会。很明显,这篇体会是在我提出建议后重新写的。如前所言,他反思了自己的发展状况,并将自己的缺点归结为"缺乏责任心"。此后,在与同学们共同筹备和开展班会活动时,在与母亲展开互动时,他都有许多令人欣喜的表现,因为,他已经开始履行我们达成的新"协议":为轻轻松松与父母交往而努力!他知道:在做任何事情时,他自己的主动努力都可以起到很大作用。他需要学会与父母进行有效的沟通,更需要有远大的目标、高尚的追求,放弃"屈辱地玩",实现"自豪地玩",并在进一步的学业成功中体会这种"自豪"。

进入九年级后,根据学习能力及兴趣爱好,我有意识地在班级中组成了五人学习小组,王同学也被编排在其中。这五人小组每周五有固定的碰头会,反思学习的情况,商议今后努力的目标,每一位同学在周一会根据会议内容及自己的实际情况写出书面材料。不仅是我,我们所有的任课教师都在教育教学中为他们搭建展示的平台,李伟胜博士更是在百忙中为这些同学及他们的家长召开座谈会,为他们今后的持续发展出谋划策。

后来,他不仅没再犯以前的错误,而且还向团组织递交了入团申请书。在日

常的学习生活中,他默默为班级做着力所能及的事,自己的各科成绩也名列前茅,同时与父母的关系有了很大的改善。2007年3月,他光荣地加入了团组织。

(二)通过案例看"学生在群体交往中的发展机制"

我们常常在一些著作或期刊上看到与上述案例类似的针对个别学生的教育案例。可惜的是,大部分的类似案例实际上是在描述"教师个体"与"学生个体"之间的交往,甚至表现出比较明显的"个人崇拜"的迹象,因为它们似乎过于凸显"伟大、神圣、充满睿智的教师个体"的形象。当然,为了表明"教师个体"在与时俱进地更新思想观念和教育方法,其中可能用到一些新的教育话语、心理学理论,也可能采用"民主"这类标签来说明教师个体对学生个体态度和蔼、充满爱心、话语温柔、神态可亲等平等的互动方式。但是,正如有的学者在分析中国传统儒家时所看到的——"有很好的爱民、惠民、养民、为民父母的传统"却"并没有一个让人民自己来统治的传统"[①],我们也许会看到许多教师个体也在延续类似的情形:率先垂范自以为是、实则有可能似是而非的"民主"生活方式,充分表达对学生的全身心关爱和晓之以理的教育方法,却缺乏一个"让学生通过主动交往来实现自主发展"的机制。

相比之下,在前一次主题班会"父母是你特别的朋友"之中生成的教育案例《"屈辱地玩"和"自豪地玩"》(后来又作为学生成长故事融入"主动沟通"这一主题班会之中),就呈现出不同的情形。在这里,我们着重从学生的角度来辨析其中呈现出来的"学生在群体交往中的发展机制",因为教师的专业智慧恰好在于关注、开发和利用这种学生自主发展机制,而不是用过多的教师干预机制来取代学生的自主发展机制。

　1.班级管理特有的教育资源:群体交往

站在今天的孩子的角度,我们在考虑上述问题时就会清醒地看到:同伴或同学之间的友好交往,这是对每一位学生个体具有直接、持续、深入影响力的教育资源!如果没有这样的资源,仅仅靠伟大的领袖、英明的领导、睿智的教师、慈爱的家长来直接教育每一个孩子,那么,针对学生个体的教育效果会大打折扣,甚至会流于空洞的形式。

---

① 从政治学的角度来看,学者江宜桦指出:"传统的儒家并没有一个让人民统治的传统。它有很好的爱民、惠民、养民、为民父母的传统,但它并没有一个让人民自己来统治的传统。"黄万盛,李泽厚等:《儒学第三期的三十年》,《开放时代》2008(1):43—62。

这是为什么呢？如果我们静心细看，就会看出其中的缘由——每一个生命的成长都离不开其生态环境，而对于一个具有鲜活的精神生命的学生个体来说，最直接的、能让他融入最深的生态环境就是同伴交往，而不是与成年人的交往。否则，一个孩子跟同伴交流不通畅，却只喜欢跟成年人一起交往，这种看起来"早熟"的表现也许恰好是心理缺陷的标志。相应地，如果教师看不到同伴交往对每个孩子的重要价值，却执迷于通过施展成年人的爱心与智慧来直接影响每个学生个体，这种貌似民主的言行也许恰好见证着教育思想上的关键漏洞。

在弥补上述思想漏洞方面，案例《"屈辱地玩"和"自豪地玩"》可以给我们更多启发。例如，无论是对家庭教育力量的开发，还是对教师专业智慧的运用，都离不开一个关键的因素：学生个体参与的群体交往，特别是跟同学之间的同伴交往。具体来说，学生参与的群体交往，特别是同伴交往，体现在如下几个方面。

首先，从学生个体的角度来看，他需要同伴交往。在出现亲子交往障碍时，这名学生采用说谎等方式编造理由，其目的是为了"玩"，但是，他不是孤独地玩，而是和同学一起玩，包括主动邀请同学一起玩（纵然是一个人玩电脑游戏，那往往也是在游戏中参与"虚拟的同伴交往"，因为游戏需要其他人的平等参与，否则孩子是难以充满兴趣地持久参与的）。同时，"他也很在意自己的面子，包括在同学面前的形象"，于是，要解决"贪玩"、"撒谎"等行为问题，也许根本就在于改善孩子和同伴的交往，而不是就事论事，更不仅仅是让孩子作出言语上的承诺、接受行为上的管束。沿着这个方向，在这个案例中，"协调家庭教育力量"这一努力与另外两个方面的努力（发动多个同伴一起探讨、发动全班一起开展主题活动）联系起来，让学生个体在群体中得以放心地敞开自己的心路历程、更为平等地表达自己的想法并探索新的方向。与此同时，他和同伴一起探索之后形成的新的想法、新的计划，也更容易得到同学们的认可。从后续发展的过程来看，这些探索和认可实际上已经转化为一种无形的自我承诺、相互鼓励，融入到更高品质的同伴关系、班级文化之中，从而让新的想法更为明智、可信，新的计划更为合理、可靠，进而从一时转变思想观念、言行表现延伸为长期的思维方式、交往方式、行为方式的更新。这，其实才是教育最应该着力的根本之处！只有抓住这种根本性的、融入到学生成长生态之中的关键因素，家长和教师的关爱与教导才能起到真实的、长久的、更为理想的效果。

其次,从家长的角度来看,孩子所在的群体(而不仅仅是家长个体)是影响孩子的重要因素。前面的亲子沟通出现问题,原因之一就是将孩子的"家丑"外扬给周围亲友,导致孩子不满。究其根源,其实就在于家长忽视了对孩子生态环境(周围亲友,特别是同龄伙伴)的精心维护,使其变得不利于孩子成长,导致孩子出现逆反心理。相应地,教师在协调家庭教育力量时,首先就着眼于让家长尊重、鼓励孩子,包括不要随意地在亲友中诉说孩子的不良表现。在此基础上,最值得我们欣赏的是,班主任关注到这名学生所在的班级并充分开发其中的教育资源。在这个案例中,班主任安排这名学生与他的母亲参加主题班会"父母是你特别的朋友"中的互动环节,让亲子互相理解,用换位思考的方法来接纳对方,由此共同为围绕这次班会开展的一系列活动增添了亮色。在这一安排背后,就是发动同学们一起面对亲子沟通问题,从而让王同学得以和大家一起坦然、理性、全面地理解爸爸妈妈和自己。例如,他为自己的家庭感到自豪,并为时时感受到家庭的温暖而感到快乐;同时,他也坦诚地剖析了自己身上的缺点,并把这些缺点的成因归结为自己没有责任心。在此基础上,从自己的生命成长历程中追根溯源,进而反思到这与"他自己对亲人的关心缺乏体会,更不知道如何珍惜和回报"有一定关系——与依靠教师个体的权威说教或苦心劝告来解决类似问题的常见做法相比,这里利用班级这个成长生态来激发学生个体和他的家长敞现爱心和智慧,真诚探索如何相互理解和沟通,显然更能彰显教育专业智慧及其魅力。

最后,站在教师的角度,关注并开发学生同伴交往的教育价值,恰恰是更高教育智慧的体现。无论一名班主任多么伟大,多么有爱心,都不应该满足于就事论事或直接面对一个个学生个体来"救火式"地解决问题,否则其精力、时间都不够用,因为这种工作方式对于"班级管理"的整体格局来说效率太低。在这个案例中,班主任作出了新的选择:一方面,在关注学生个别问题的独特性的同时,着眼于班级整体的发展,将其与同学们在这个年龄段都可能遇到的发展问题联系起来,从个体事例中拓展出群体交往空间和班级教育空间。另一方面,利用由此拓展、生成的教育资源(包括在同伴群体中放心讨论成长问题的自由氛围)来激发同学们展开更多探索,进而让这名学生更透彻地理解自己遇到的发展问题,从根本上解决它,从而获得更高品质的发展。无论是把亲子互动的活动融入到主题班会的过程之中,还是组织几位有类似问题的学生一起座谈和组建"五人学习小组",班主任都不是仅凭自己个人的力量来影响孤独的学生个体,而是把教师的影响融入到学生的同伴交往之中。无论是和学生一起辨析"不同境界的玩",还是把这名学生先后写出的周记和出现的变化放在整个班级发展的背景之中来考察、欣赏、开发、利用,教师都不是单独地把爱心和智慧施与这名学生一个人,而是把这名学生还给他所在的最直接的成长生态——他的同伴、他的班级,恰如我们在本书开篇时所说的,"把这条鱼放回大海"。

于是,透过这个案例,我们可以说,教师的智慧、家长的关怀都是非常重要的教育资源,但站在学生的角度来看,我们还应该发现更关键的资源——同伴交往。当然,我们不必刻意地把师生交往、亲子交往和学生之间的同伴交往区隔开来,因为在正常的成长环境中,这些交往活动都属于学生个体投入的人际交往。如果它们都像上述案例中所呈现的那样汇集到一个班级中,它们可以共同构成每一位学生个体参与的广义的"群体交往"——相比之下,学生与同伴之间的交往就属于狭义的"群体交往"。

如果对上述案例展开更多的分析,我们可以考虑:对于一个孩子来说,谁对他的影响最直接、最有亲和力和说服力?换个角度,假设一个孩子真心地想好好学习,谁最能激发他主动学习的动力?——每天站在校门口笑迎大家的校长、诲人不倦的老师,还是身边的伙伴们?如果一个孩子每天上学都很快乐,每天的行为表现都充满尊严和自豪,谁最有可能激发他这样的快乐感、尊严感和自豪感?如果一个孩子在刚开始放暑假时就想念学校了,他究竟是在想谁?——满怀爱心的学校领导、充满睿智的各位老师,还是每天在一起相互交谈,甚至调皮地相互调侃的同学?用一颗平常心(而不是过度自傲的自信心)来体会一个孩子的真实情形,我们就会看到:相比任何其他人的影响,同伴影响也许是最不应被忽视,而最应被关注和开发的教育资源。

进一步来看,就班级管理这个专业领域来说,我们可以发现:真正让人佩服(而且不会因为过度辛劳而同时让人同情)的优秀的班主任,往往都善于开发群体交往对于学生的教育价值,为此,他们会引导学生建立民主治理班级的管理制度(如改选班干部、轮换岗位等),鼓励学生通过自主探索、共同合作来开展各种班级活动,还会敞开自主成长、团队合作的文化空间。事实证明,班主任的专业本领不仅仅在于对孩子无私地奉献爱心,因为"无私"的"爱心"虽然可以看作"有德",但并不必然等于"有才"、"有智慧"。与之相比,班主任的专业才能与智慧更在于通过开发群体交往的教育价值来激发每个孩子内心的生命活力。

据此,我们可以明确:从班级管理具有不亚于学科教学的专业品质来看,它是直接通过人的交往来育人的,而不是间接地通过学习知识来育人(或通过"教书"来育人)。更具体地说,班级管理应该通过日常化的民主交往方式来培养学生健全的"人格系统",而不仅仅是学科教学重点培养的"认知系统"。相应地,在把班级管理作为专业的教育活动时,特别是在致力于建设"民主型班级"时,我们应该将学生参与的群体交往视为最独特的、最直接的教育资源。能否善加开发和利用这种资源,见证着一位班主任是否拥有与时俱进的新的教育思想和体现教育真谛的工作方法。

2. 发展机制的思考原点:交往活动中的学生个体

既然学生参与的群体交往是班级管理最重要的教育资源,我们就要开发和利用这种资源,进而用好其他教育资源。为此,我们需要进一步理清教育活动得以展开、学生得以逐步成长的内在机制。此时,我们可将"交往活动中的学生个体"作为思考原点,由此出发,来辨析学生在班级中获得真实发展的内在过程。为了确认这个思考原点,我们可以从两个方面来论证。

首先,应该明确一个前提:每一位学生个体的发展是班级管理教育价值的最终体现。就个体与班级整体的关系而言,班级整体的发展最终是为了促进班级中的每名学生个体的发展,"而不能倒过来说,个人的发展是为了群体的发展"[1]。明确这个前提,才有可能将真正人性化的教育落实到每一位学生身上。[2]

诚然,学生个体的发展与班级整体的发展是同一过程的两个方面,它们之间互为因果,而且,从更长远的发展来看,个体成熟的标志之一,也是他理解和融入人类共性的程度。不过,无论是从抽象的理论思考的角度来看,还是从具体的实践操作的角度来看,都有必要突出学生个体作为"具体个人"的角色,并防止有意或无意地用"抽象的人"替代"具体个人"的情形,从而造成对每一个具体的学生个体的忽视。应该看到:"人的生命是在具体个人中存活、生长、发展的;每一个具体个人都是不可分割的有机整体;个体生命是以整体的方式存活在环境中,并在与环境一日不可中断的相互作用

---

[1] 叶澜著:《"新基础教育"论》,北京:教育科学出版社,2006:296。

[2] 当然,换一个视角,例如从人生意义的角度来说,也许有的人会选择"个人的发展是为了他人、家庭、某个组织、国家、人类的发展"。不过,我们这里探讨的是如何将班级管理的教育价值落实到关键之处,不必在此延伸到其他视角。

和相互构成中生存与发展的;具体个人的生命价值只有在各种生命经历中,通过主观努力、奋斗、反思、学习和不断超越自我,才能创建和实现,离开了对具体个人生命经历的关注和提升,就很难认识个人的成长与发展;具体个人是既有唯一性、独特性,又在其中体现着人之普遍性、共通性的个人,是个性与群性具体统一的个人……"①

以上述思考为参照,我们可以从上述案例《"屈辱地玩"和"自豪地玩"》中看出三个层次的选择。第一层选择:关注到王同学这位学生个体的发展,并为之积极想办法,这是许多班主任都可以做到的。第二层选择:在关注"这一个"学生的基础上,关注到更多学生个体,乃至全班每一位学生,这是更有责任感的教师可以做到的,包括用饱满的热情、无限的爱心来了解和研究每一位学生的发展情形,用充足的智慧、感人的口才来针对每一位学生的实际情况提供教导或建议。我们可以从第一章介绍的主题班会"要爱你的妈妈"中看到学生在此过程中获得发展的过程。不过,在上面两层选择之上,也许我们还应该考虑到第三层次的选择:每一位学生个体得到的关怀,究竟源自于谁?每个个体获得的发展,究竟是怎样发生的? 于是,我们可以看到:除了源自教师个体对每一位个体的关怀,还可以开发同学们之间的相互关怀,甚至以此为基础,开发和利用教师个体与群体、家长个体与群体更具教育智慧的关怀。除了让学生接受教师的感召、指点和建议、要求之外,还可以让学生和同伴一起来探索和辨析发展问题中涉及的多方面因素(而不只是听从教师的分析),进而聚焦到自己作为当代青少年应该主动掌握命运的自主意识和能力(而不仅仅是单向地理解、服从或关心家长),最终达到共同开发面对发展问题的生命智慧,掌握生命发展的主动权。

在第三层次的选择中,也许无需教师费尽心机地搜集并公开每一位学生个体的具体信息(包括孩子可能不想公开的个人信息②),就可以激发出每一位学生自己心中的"阳光",汇聚成充满"阳光"的班级文化空间,照亮每一位学生个体的内心,更照亮他们心外的广阔天地——这,正是案例《"屈辱地玩"和"自豪地玩"》所作的选择,也是"民主

---

① 叶澜:《教育创新呼唤"具体个人"意识》,《中国社会科学》2003(1)。
② 在日趋开放、民主和法治的当代社会中,无论是在班级中还是在其他公开场合(包括亲友之间),如果需要公开某位学生的信息,包括从传统视角认为值得表扬的好的行为表现和学生也许会觉得不够好的信息,应该要事先和当事人达成默契。若用于在正式的群体或组织(如班级)中交流,则更应该与他们事先沟通,并且取得他们真心的,而不是被迫的同意,以示对他们的尊重。否则,我们宣称的"爱心"、"人性化"、"民主"就有了明显的逻辑漏洞。

型班级"所倡导的选择。这样,才能真正做到让学生"一个都不少"地融入充满活力的成长生态和发展机制。

其次,我们还应明确一个事实:班级中的发展主体是由个体主体组成的群体主体。从班级管理的角度确立学生个体的发展主体地位,就不可能让每一位学生成为孤独的个体主体。实际上,班级中的学生个体正是通过群体的相互作用来发挥主体作用的。因此,通过班级管理这一教育活动来促进学生发展,可能需要这样的思维策略,即,在教育目标上,着眼于每一位具体的学生个体的成长;在工作思路上,着眼于学生群体的交互影响。

此时,我们就会看到,班级中的发展主体是由个体主体组成的群体主体。这种"群体主体"以每一位学生个体的主体地位为基础,而不是以取消后者为代价。同时,这种"群体主体"又不同于传统意义上的,即与个体对立意义上的实体式的"班集体",因为它更重要的特征是个体主体之间的关系特征、相互交往的行为状态特征,而不仅仅是一个实体式单位的固化特征。也可以说,"群体主体"的特征在于"和而不同",让每一位个体有独立的主体地位,同时拥有一个共同的精神家园。而传统的"班集体"虽非"同而不和",但很有可能是以牺牲"不同"为代价而追求表面与暂时的"和"的,以至于个体在失去个性的同时也失去了与群体的深层次的、可持续的意义联系。

在案例《"屈辱地玩"和"自豪地玩"》中,我们就可以看到充满活力的"群体主体"。在这里,关注到每一位学生个体,以"个体"作为思考教育活动的原点,这不是将其看作"孤独"的个体,而是将其看作"交往之中"的个体。于是,充满活力的个体与充满民主气息的群体(包括各个小组、临时的对话伙伴、整个班级)成为相互玉成、不可或缺的两个因素。如果没有每一位学生的真心敞现和投入,这名王同学参与的各种同伴互动(包括在一起玩耍)就会缺乏活力,更会缺乏魅力。相应地,如果同伴之间的互动、同学和教师之间的交流不够民主,不够通畅,那么,每个学生在群体活动中得到的自主探索空间就会被压缩,或者被自以为充满爱心的教师分隔成点状的"教师个体与一个学生的对话时间(空间、内容)"和"教师个体与另一个学生的对话时间(空间、内容)",而难以成为打通学生之间沟通渠道的、允许每一位学生和同伴一起探索的、更为开阔和更为自由的空间。反之,如果每一位学生个体都能在民主的交往氛围中放飞真心、主动探索(包括主动面对成长的问题或困惑),并且坦诚地相互沟通,致力于共同解决属于他们自己的发展问题,那么,每一位个体就都是在用心参与交往活动,每一次交往活动都是在敞开让每一位个体"心连心"、"手牵手"的发展空间,从而让个体的成长和班级的发展相互促进。这样,班级的整体发展就兼顾到了"个体主体"和"由个体主体组成的群体主体"。

于是,通过转换思维方式,我们可以明确而理智地选择"交往活动中的个体"作为思考发展机制(和将要进一步分析的教育思路)的逻辑原点,它将"关心每一个学生的成长"和"通过集体进行教育"有机地结合起来,而不是将"个体"与"群体(集体)"简单地对立起来,并在两者中机械地选择一个方面。

3. 发展机制的展开线索:学生在交往中的成长过程

在将"交往活动中的学生个体"作为辨析发展机制(及教育思路)的思考原点之后,我们就可以沿着学生个体参与交往活动时获得真实成长的过程来辨析其发展机制了。下面,我们就通过辨析王同学在案例《"屈辱地玩"和"自豪地玩"》中解决一个具体的发展问题、获得一段真实成长的内在机制,来获得更为清晰的理性认识。

在案例《"屈辱地玩"和"自豪地玩"》中,与我们在第一章中讨论的主题班会"主动沟通"类似,师生在理解王同学面临的发展问题时可有三个层次的选择。第一层次的发展问题是"不要因为贪玩而影响学习",这主要体现了消除不良习惯、恢复正常状态的"缺失性需要",力争做到"不让家长和老师担心"。第二层次的发展问题是"理解并达到父母的要求",这主要体现了保持正常状态的"维持性需要",努力做到"让老师和家长放心"。第三层次的发展问题是在结合具体事例促成亲子沟通的过程中"培养学生的责任感和尊严感",这主要体现了超越常规要求、激活学生内心向往更高生命境界的"成长性需要",努力做到"让老师和家长开心"。显然,就上述案例的真实情形来说,教师、学生和家长选择的是第三层次的发展问题,由此涵盖了前两个层次的发展问题和相应的发展需要。

借助结合具体事例促成亲子沟通这个平台,针对"培养学生的责任感和尊严感"这个发展问题,教师努力开发群体交往的教育价值,并在此基础上,发挥亲子交往、师生交往的教育功能。在此过程中,王同学的发展大致可以分成如下四个阶段。

(1) 走出封闭的教育过程,进入敞开的交往空间最初,偷偷与同学玩耍却不告诉父母或用谎言糊弄父母,事后沿着"深刻反省——坦诚表态——决心改正——再次反复"的套路形成一次次的反复。在这里,与父母缺乏沟通,且他本人"不善于表达",实际上导致家长和老师对他的教育陷入了一种封闭的循环过程,即宣布或承认应守的规矩,遵守规矩坚持一段时间,然后又重新发生违反规矩的事情……

显然,在这样"封闭循环"和"缺乏沟通"的情形下,教育举措无论力度有多大、重复多少次,都可能没有效果或效果不长久。让学生获得真实的自主成长的第一步,应该是敞开学生的心扉、敞现学生的真实生活内容。在这方面,老师及时调整策略,发现王同学虽然当面谈心时"不善于表达",但"他的文笔很好",于是就"让他采用书面的形式反思自己的行为"。在遇到新的反复后,老师又用心琢磨并发现:王同学"像是一只被囚禁的小鸟,想尽一切方法要飞出鸟笼"。此后,在王同学面前就敞开了一个新的空间:促成亲子双方相互沟通、合力调整交往方式,而不能仅仅是针对他一个人提出要求。

与此同时,老师还发现,"他也很在意自己的面子,包括在同学面前的形象"。实际上,初中生正在形成自我意识,活动能力也日趋增强,这是许多人都注意到的现象。难能可贵的是,在这个案例中,班主任由此为学生敞开了一个开阔的群体交往空间,用以激活这个孩子的心——这正好见证了一个真心感悟和利用教育真谛的新型教师与通常所见的勤劳却没有深入探索专业智慧的传统教师的关键区别。于是,对于王同学来说,个人遇到的亲子沟通的问题和后续展开的反思与改进都融入到群体交往(特别是同学之间的交往)的过程之中,亲子交往、师生交往的更多资源也由此得以被不断激活、生成、敞现。由此,王同学开始了深入、系统地思考自己的发展问题并自觉主动地选择新的发展方向的心路历程,这同时也是他主动参与群体交往的成长之旅。

(2) 在坦诚交往的氛围中,主动辨析成长状态

在本案例中,王同学的真实成长就发生在围绕主题班会"父母是你特别的朋友"开展的一系列班级"小活动"之中。于是,借助同学们共同策划、筹备、实施和反思活动的过程,在群体合作成事、坦诚交往的氛围中,学生个体的自主成长之路也就逐步敞开,自主的意识被一步步激活,自主的能力被一次次激发。其中,特别重要的是他与同伴一起共同面对成长的烦恼、对自己成长之路的思考。在由此形成的自由氛围中,少了

被家长和老师居高临下地教导或督促的感觉，也少了自外而内的说教和规定，而多了与伙伴一起平等交流、自由探讨的愿望，也多了在平等交流中逐步生发的自主思考。此时，随着同学们一起领悟到"亲子间的冲突不是因为父母变了，也不是因为自己变坏了，而是因为自己正在长大"，王同学也用平和的心态坦然地辨析了自己的不足及其原因（缺乏责任心），进而从自己的成长历程中找到一个症结——"幼年时和爷爷奶奶生活了七年，而爷爷奶奶过于宠爱。"

同时，在老师和同学的帮助下，"对亲人的关心缺乏体会，更不知道如何珍惜和回报"的问题也被他自己坦诚地敞现出来，通过班会中特别安排的他和母亲互动的环节而激发了亲子一起感悟，并最终表现出相互关心、主动回报亲情的愿望（而不是静听老师宣讲的教条）。不仅如此，通过班主任组织的几位同学一起跟父母对话（作为"父母是你特别的朋友"主题班会前的一个"小活动"），王同学追求的"无忧无虑地玩"的理想状态得以敞现，两种生活境界（其一是"虚伪的快乐"和"屈辱地玩"，其二是"真实的快乐"和"自豪地玩"）也得以辨析清楚。于是，"原先模糊的生活状态"被澄清，从而在王同学此时的"最近发展区"内生成了一个激发他辨析自己成长状态的参照系。

可以看到，王同学在这一系列的交往活动中主动辨析成长状态时，其主导方向是明白自己今天应该承担的光荣的责任，而不仅仅是带着愧疚的心态反省自己的不足并下决心改正，也不仅仅是表达遵守约定或规矩、保持良好行为表现的决心。这与我们所说的关注学生"成长性需要"，而不仅仅是"缺失性需要"和"维持性需要"的追求是一脉相承的。

（3）在沟通中激发新的希望，自觉选择发展方向

随着两种发展状态敞现在王同学的面前，"他当场表示，愿意选择第二种状态"。这样的自觉选择，也就成为他对自己许下的一个诺言，成为他和同学、家长、老师一起达成的"心灵契约"。就在他作出这个选择时，一种责任意识也就同时生成了。以此为新的契机、新的生长点，后面的成长历程就是通过他自己的主动作为来担起这种责任，持续创造出让自己自豪的新业绩，用新的表现来见证自己创造的尊严感。

我们可在此看到学生自主成长的两个关键前提：其一，每个人的发展并非只有一条固定的道路，而是拥有不同的可能性。因此，尽管老师或家长已经有了相对成熟的生活观念、教育观念或可行的建议，但切不可因此而忽视了其他的可能选择，更不可通

过强迫或诱导孩子接受大人的想法而剥夺了让孩子面对不同发展可能性的机会。其二,站在一个自主成长,因而享有生命尊严的学生的角度来看,区分他所面临的不同可能性需要彰显发展主体(学生)自己的自觉意识和尊严感。对于我们力图建设的"民主型班级"来说,从每个学生个体内心生发出来的这些积极因素,正是最关键的教育资源。与之相比,其他任何教育影响都只是起着激发和支持的作用,而无法代替发展主体自身的主动追求。

(4) 在持续交往中生发活力,逐步生成生命智慧

王同学结合具体的发展问题作出新的选择之后,又将其融入到他和同学、老师、家长的交往过程之中,而不是让自己孤独地成长,或仅仅是在和老师的单独交往中成长——这是这个案例与许多同类案例的又一个关键区别。

在这个过程中,他的同伴、家长和老师也同步感受、支持、参与他的成长历程,共同创造让大家开心的新生活、新天地。在筹备"父母是你特别的朋友"这个主题班会时,他和同学们都在周记中反思与父母的交往情形。他最初的周记"留有草草了事的痕迹",后来才写出新的体会,特别是考虑到了自己的"责任心"。他在此过程中的持续思考和与同学们一起开展的筹备活动是融为一体的,因此,我们可以想到,他与同伴、老师的持续交往确实起到了营造积极氛围、激活其思想的作用。在主题班会正式举行时,他和母亲的现场互动,已经将他在此前生成的体会融入到新的行为之中了,包括由此开始履行新的"协议"——"为轻轻松松与父母交往而努力!"于是,他就在真正地主动承担交往责任、自觉追求愉快而有成效的交往效果,进而确立远大目标、形成高尚追求——放弃"屈辱地玩",实现"自豪地玩"——并在进一步的学业成功中体会这种"自豪"。

最值得我们关注的是,他在此过程中形成的行动计划和成长感悟,都是在群体交往之中和大家一起探讨、相互激发而生成的,而不是怀着卑微的心态,等着伟大而有智慧的老师来发出号召、深情说教或制定规范,也不是带着谦卑的神情,等着家长来居高临下地叮嘱、监督或鼓励。换言之,在群体交往中实现的个人自主成长,是一种自内而外的创造过程、生成过程,是享受生命智慧和尊严的成长旅程,而不仅仅是单向接受塑造的过程。同时,这一过程也是融入持续的群体交往(特别是班级中持久、深入而广泛的同伴交往),进而延伸到日常的学习活动和班级生活之中的共同发展过程,而不仅仅

是一个心灵单独接受关爱和独自发育成长的过程。

通过上述分析可以看到,案例中的王同学的发展过程可以理解为四个阶段,这便于我们更清晰地把握学生个体在交往之中逐步发展的具体机制。在把握这种发展机制时,虽然我们强调以"学生个体"作为辨析学生的发展机制和教师的教育思路的逻辑原点,但这是"交往活动中的学生个体",而不是孤独存在的个体,也不只是和教师个体进行个别交往、只在家中孤独地面对父母的个体。相应地,在辨析学生个体在班级管理中的发展机制时,我们应该特别关注他在最直接的生态——同伴群体中的成长过程,并以此为核心来看他在班级中是如何通过跟同学、老师、家长的交往一步步实现主动发展的。

三、教育思路的展开过程:在交往中逐步解决发展问题

上文从一位学生个体的视角辨析了"学生的发展机制",将其理解为四个阶段,这为我们从班主任的视角辨析"教师的教育思路"提供了内在线索。实际上,学生的"发展机制"与教师的"教育思路"本来就融合于师生共同参与的教育活动之中。在前面,为了凸显学生作为发展主体的地位和同伴交往在学生发展中所发挥的关键作用,我们较为详细地辨析了学生的"发展机制",现在,我们再进一步地辨析教师的"教育思路",以便"智慧型班主任"整体把握班级管理的整体格局,充分开发和利用系列主题活动的教育价值。

在立足班级管理实践来辨析教师的"教育思路"时,我们需要首先从师生交往的角度理解其核心内涵,并由此清晰地凸显"民主型班级"所需教育思路的独特之处。在此基础上,我们需要从班级管理实践中选取有价值的"发展问题",将其作为实践平台,即将解决发展问题的过程看作运用教育思路的过程,进而辨清教育思路得以展开的四个环节。

(一)教育思路的核心内涵:师生交往激发学生交往共生

群体交往是班级特有的教育资源,这不仅是考虑学生的发展机制时应重点关注的,也是作为班主任在考虑教师的教育思路时应该首先关注的。即使仅仅从"班主任"

这个身份的字面意思来看,我们就知道他面对的不应该是一个个孤立的学生个体,而是整个班级,即由每一位学生个体和教师共同组成的教育性组织,因此,班主任最主要的工作,不应该是直接针对每一个个体,而是直接面对班级这个群体。在这个视野中,针对学生个体展开的个别教育(包括班主任像亲人一样无微不至地关心每一个学生),只能作为特例,而不是常态。如果需要结合学生个体的特殊情况开展教育,也应该将其置于班级,特别是同伴群体这个正常的成长生态之中(如同前述案例《"屈辱地玩"和"自豪地玩"》所揭示的),而不是将其纳入到享受教师个体所给予的非常态的关爱、教导或督促。

从班级管理具有不亚于学科教学的专业性(班主任工作专业化)的角度来看,班主任应该致力于让学生通过日常化的民主交往方式来养成健全的"人格系统",培育符合时代需要、能够适应中国社会转型需要的生命活力。在这样的专业活动中,教师的教育思路应该更多地直接作用于学生的"群体交往",特别是同伴交往。与此同时,对学生个体的关注更多地是通过"群体交往"来体现的,并最终让学生个体在群体交往的生态系统中成长,而不是在这个生态系统之外亦步亦趋地紧跟在教师个体身旁,永无止境地享用教师貌似无限的爱心和智慧(毕竟,教师不是可以无限发光的太阳)。此时,教师的"教育思路"和学生的"发展机制"可以表示为图2-4。

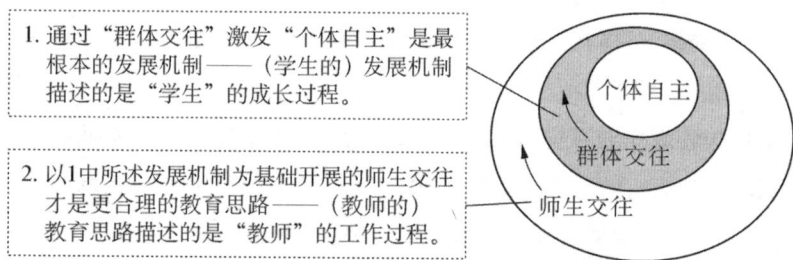

1. 通过"群体交往"激发"个体自主"是最根本的发展机制——(学生的)发展机制描述的是"学生"的成长过程。

2. 以1中所述发展机制为基础开展的师生交往才是更合理的教育思路——(教师的)教育思路描述的是"教师"的工作过程。

个体自主

群体交往

师生交往

图2-4 教师的教育思路和学生的发展机制

在图2-4中,学生的"发展机制"就体现在两个内圈所代表的"个体自主"和"群体交往"上,其中,激发每一名学生"个体自主"的最直接的力量应该是"群体交往",而不是教师与一个个学生直接进行的"单独的师生交往"。相比之下,教师对学生的直接影响,主要是通过"师生交往"来推进"群体交往"。在"师生交往"中,教师与学生个体的单独交往或针对个别学生进行的单独教育是教师通过推进"群体交往"进而促进"个体自主"这个常态化的主要途径之外的补充,属于出现特殊情况或特别需要时的特例——将这三层圈整合起来看,就是真正属于班主任的视野更开阔、智慧更先进的"教育思路"。在这里,两个箭头所代表的两个层次的激发作用各有其功能,不可相互替代。概而言之,通过师生交往激发学生交往共生,这是"民主型班级"教育思路的核心内涵。

以班级管理的教育思路的这一核心内涵为参照,特别是在看到师生交往不能取代学生的同伴交往之后,我们可以更清晰地看到:有些被许多班主任视为至宝的勤奋和爱心可能恰好成为遮蔽他们智慧双眼、遮蔽学生群体交往空间的阻碍因素。现在,我们可以更为自觉和清醒地认识到,教师的专业智慧恰好在于关注、开发和利用学生的自主发展机制,特别是通过"群体交往"来激发"个体自主"的发展机制,而不是用教师过多的言行、过分的关爱来取代学生的自主发展机制。须知:尽管教师的关爱和指导是学生成长所需要的,但"真理再往前多走一步就会变成谬误",一旦这种关爱和指导超越了合理的范围,那就有可能成为不合理的因素了。具体来说,勤奋、爱心、口才虽是教育的"必要条件",但不是教育的"充要条件"。如果因为过分强调它们却有意无意地忽视了最关键的教育条件——学生的自主发展机制,那么,班主任无论多么勤奋、多么无私地奉献爱心,无论拥有多么渊博的知识信息,也无论其口才具有多么强大的雄辩魅力,都有可能陷入教育的误区,而没有发挥出更高的教育价值。这正是一些班主任在让人感动时也让人同情,却不能让人佩服、更难以让人学习的根本原因,因为这难以彰显出教育专业人士所应有的创造性,更难以彰显出学生的生命活力,也就难以彰显出教育真谛的本真意义。

既然教师不是"上帝",也不是夸美纽斯所类比的"太阳",那么,就让我们怀着一颗平常心——即蕴含着教育专业智慧,因而可以创造伟业的平凡的教师之心,走出以生理上的勤奋来代表精神上的关怀、实际上难免出现缺憾的落后格局,走上看似平凡,但的确不平庸的新路,也就是激活学生群体交往空间,进而激发每一位学生内心活力的新路。

这条新路,已经体现在前面引用的"主动沟通"这一主题班会和《"屈辱地玩"和"自豪地玩"》这一教育案例之中。我们可以就此进一步具体诠释,以便加深对班级管理教育思路的理解。

首先，从学生个体的角度来看，在面对学生个体遇到的个别性的发展问题时，案例中的班主任也给予了必要的特殊关照并取得了成效，但这没有成为她管理整个班级、带领学生建设"民主型班级"的主流措施，因为这不是见证一位班主任最高专业本领的关键证据。相比之下，一旦有机会（包括主动创造机会），就把学生个体遇到的个别问题的根本解决之道引向和同伴一起探索、共同成长的宽阔道路，同时也是师生共同发展的康庄大道，这才是班主任运用专业智慧的主导方向。像这样关怀班级中的每一位学生，才是把学生个体作为思考教育思路的逻辑原点的应有之义。

其次，从整个班级的角度来看，通过发动学生民主参与班级管理，特别是通过正式小组或非正式任务团队（如两人共同排练一个节目、一个兴趣小组负责一项问卷调查）的组合方式，将每一位学生个体都纳入到班级系列活动的推进过程之中，让民主的交往方式敞开每一位学生自主探索、相互沟通的空间。在这个开阔的交往空间中，他们真的可以"一个都不少"地"手牵手"、"心连心"，共同开拓阳光地带，共同实现主动成长，而不必等着老师像"千手观音"一样牵着每一位同学的手，也不必等着班主任像"太阳"那样辛苦地给每一个人的心田播撒阳光。

最后，从班主任的角度来看，把每一位学生的"个体自主"纳入到"群体交往"这一正常的成长生态之中，恰好是敞开学生的无限生机、解放班主任自己的成功之道。在这条宽阔的专业大道上，班主任可以走出过于神圣化的，甚至带有"个人崇拜"（或自我圣化与自我崇拜）嫌疑的"上帝"、"太阳"等职业定位，可以逐步淡化用"勤劳奉献"、"无限关爱"、"处理具体事务时的灵巧机智（包括感人的口才）"等形象标识，因为他无需用生理意义上的无限勤奋简单替代精神意义上的无限关怀，无需用过度劳累的、从而让人充满同情的"紧紧牵着每位学生的手"来遮蔽本应常态化的、体现教育真谛的"逐步放开学生的手"和"让孩子们学会手牵手"的希望空间。当然，他更不必让自己承担过重的精神责任和生理负担，甚至让自己陷入"书呆子"式的狭隘世界而被人同情（虽然同时伴有零星的感动与热泪），却自命神圣。于是，他可以在更为开阔的希望空间中潇洒地鼓励孩子们自己尝试、自主探索、相互携手，创造属于他们，也让他们充满自豪与尊严的新生活。与此同时，无论是在精神上还是在生理上，这都让班主任个人的负担大大减轻，包括确保每天能够按时下班、享受正常的业余生活（而不是自命崇高地沉醉于延长劳动时间、增加劳动强度的非正常状态)。不仅如此,他还可以敞开新的专业发展空间,通过师生交往,参与到学生由群体交往激活的自主发展进程之中,与学生一起开展系列化的班级主题活动(并把日常管理和班级文化建设融入这一工作主线),由此一步步创造班级生活的新资源,共同享受更高境界的班级生活所带来的成就感、自豪感、尊严感。此时,一个个新的"太阳"冉冉地升起在他的视平线上,而无需只让他一个人当"无限发光的太阳"。一个个新的生命自主成长在精神家园,而无需只让他像"上帝"一样牵引着"迷途的羔羊"。

(二) 教育思路的实践平台:班级生活中的发展问题

站在班主任的实践立场上来看,对教育思路的上述理论分析还显得比较笼统或抽象,因而,我们还应将其转化为可用于实践的、具有可操作性的具体过程。为此,我们需要找到一个运用教育思路的实践平台。经过多年研究,特别是对一些卓有成效的优秀班主任的工作经验的研究,我们看到:学生的发展问题可以成为这个实践平台。具体来说,班级管理的教育思路的实践平台就是在班级生活中生成的、需要通过民主交往来解决的学生发展问题。

下面,我们就诠释"发展问题"的内涵时需要把握的关键因素和选择"发展问题"的三个标准作具体探讨,以便我们更好地理解"发展问题",为后面利用这个实践平台展开教育思路作好铺垫。

1. 理解"发展问题"的关键因素

我们在前面已经通过"主动沟通"、《"屈辱地玩"和"自豪地玩"》等主题班会和案例对"发展问题"作了一些探讨。现在,我们再来看另一个案例中呈现出来的学生发展问题。

(小学四年级)"班级非正式小群体"引发的问题[①]

随着学生年龄的增长,我们班级里出现了由学生自发形成的各类的小群体。这些小群体的出现,给班级建设带来了一些问题。

[①] 摘自上海市闵行区华坪小学陆敏:《创设多元、多群、多向互动和谐的班级非正式群体》,载于李家成等:《"新基础教育"学生发展与教育指导纲要》,桂林:广西师范大学出版社,2009:201—205。

问题之一：由于班级中女生选择朋友时比较注重对方的个性、学习成绩等，把交朋友作为促使自己进步的途径，因此，班级女生的小群体划分为三类：一类是成绩比较好的，另一类是成绩中等的，第三类是成绩排在班级末尾的。这样的小群体的出现，对个人与班集体的发展都是十分不利的。第一类积极性的群体虽然成绩很突出，但她们平时不愿意与其他群体接触，造成平时活动的形式和谈论的话题比较单一，主要集中在学习层面上，思维越来越狭窄，这样将不利于她们的综合发展。而第二类中间层的群体对集体活动有偏好，感兴趣就关注，不感兴趣就不关注，这样使得她们在有些方面得不到进一步的发展。第三类群体，她们在班级中受到忽视和排斥，造成了她们对班集体的活动产生抗拒心理，她们关注与讨论的话题都是些娱乐性的电视节目、玩具等，慢慢地成为对班级不利的消极性群体。

　　问题之二：由于班级中男生选择朋友时注重兴趣爱好、朋友的品行等，所以男生小群体中那些原本学习成绩很差的同学，在一个正直、聪明的"小头领"的引导下，学习成绩越来越好，同时活动形式和话题的多元化也促使整个群体成员的思路越来越开阔。但是，由于男生都会排斥行为表现不够好的同学，对诸如说谎、推卸责任的行为往往采取不理睬或疏远的方式，因此班级出现了两个男生没有一个朋友的现象。如果不去解决这样的问题，班级就会出现另一种消极性的男生小群体。

　　在这里，班主任陆敏老师看到了两个"问题"：其一是女生分成三类小群体对学生个人与班级发展的不利影响，其二是男生形成了一个积极性的小群体和一个消极性的小群体。实际上，其中反映的现象在许多班级都会出现，但并不是每个班主任都会把它们当作班级管理需要重点解决的"问题"来看待。在许多老师那里，它们有可能会被当作"小事情"或"正常班级生活中偶然出现的现象"来处理，或者只要不影响班级正常秩序就不关注，更不会采取什么教育举措。

　　因此我们可以思考：这位班主任为什么把它们看作"问题"呢？

　　首先，"问题"是指在学生发展的现实状态和理想状态之间的差距。据此，如何看懂学生的"现实状态"，如何理解学生的"理想状态"，其实就在考验着每个班主任的专业智慧。仅仅学一些心理学、教育学知识是不足以应对这种考验的，因为这需要真正把握教育真谛，并且善于用心（而不仅仅是用灵活的头脑、感人的言词、炫目的技法）来体会学生的发展状态,选择教育理想并将其融入本班学生真实而具体的生命历程之中。显然,其他班主任未必重视,甚至未必关注的"非正式小群体"及其带来的对学生发展、班级生活的影响,不仅进入了陆老师的视野,而且有了不同的发展意义和教育内涵。不仅如此,对学生"非正式小群体"的具体分析还表明:她在调查研究学生状态时的用心程度不亚于任何其他特级教师,甚至创造了新的高度,因为她不仅了解到了学生个体的实际情况,而且在班级整体发展的视野中(其实这才是作为"班主任"的教师最应该拓展的工作视野)看到了学生群体的交往状态和这种交往状态对全班学生发展的影响,特别是对班级整体氛围这个直接影响学生的成长生态的影响。于是,我们可以再次看到:"世界上并不缺乏美,缺乏的是发现美的眼睛。"

其次,班级管理中的"问题"是属于班级成员的,而不是孤立地存在于个人或群体身上。在这里,教师在关注"非正式小群体"的出现及其影响时,不再只是从学生个体或单个群体的角度来考虑,而是放在"班级"这个教育性组织的整体发展格局中考虑。相应地,这里谈到的"问题"不再局限于学生个体的问题、一个个独立存在的"小群体"的问题,而是整个班级这个"大群体"(教育性组织)的问题。我们在前文中辨析学生发展机制时曾经强调以"学生个体"作为思考原点,也同时强调"班级中的发展主体是由个体主体组成的群体主体",在这里,我们可以再次看到一位优秀班主任是如何处理"学生个体"和"群体主体"(包括"小群体"和"大群体"这些不同的发展主体)的关系的。

最后,"问题"敞开着多种发展可能性,也就敞开了新的发展空间。在用"发现美的眼睛"去观察学生的发展状态时,陆老师并不是用挑剔的眼光,甚至是居高临下的姿态来指责学生,而是用充满希望的眼光去理解学生、欣赏学生。于是,在看到"问题"时,也就看到了新的希望,敞开了新的发展空间,因为她发现了学生还可以发展得更好的新的可能性。对于我们倡导的"民主型班级"来说,这里最值得我们重视的就是陆老师是从学生的群体交往中发现"发展问题",进而又开始探索从学生的群体交往中敞开"发展空间"的,这与老师站在学生对立面,用相对固定的标准来要求学生、训导学生的传统教育方式形成了明显的对比。例如,孤独地看每一个"非正式小群体"的情形,有的班主任会认为:对于"成绩比较好的"小群体无需多操心、只用多鼓励,对于"成绩中等的"小群体可以提出一些多参加集体活动、提高成绩的要求,对于"成绩排在班级末尾的"小群体需要多操心,包括对学生个体进行个别教育、对群体进行直接干预等。相比之下,陆老师更多地是站在"班级"整体发展的全局视野中比较不同的小群体之间的差异及其对学生的相互影响,这就让她不仅看到了新的发展可能性,而且还深知这些新的发展可能性不是靠老师给予学生的(如同给予现成的道德教条或行为规范),而是由学生在进一步的交往中主动创生的——当然,进一步的交往该如何引导,这恰好是与时俱进的"智慧型"班主任充满思想活力的专业本领得以施展的独到空间。

于是,我们也许可以看到,在班级管理的整体格局中呈现的"发展问题"有几个不可缺少的关键因素。第一,发展问题的内涵是现状与目标之间的差距。据此,如何看清现状、选择目标,就成为理解发展问题时需要首先明确的前提。第二,发展问题的主体是班级中的学生。发展问题是发展中的问题,因此,在理解学生的发展问题时就应该将学生视为发展主体,考虑到他们真实的生命历程(特别是在班级中的群体交往过程),考虑到他们的自觉意识,激发他们通过主动作为来努力解决,并通过解决问题的生命活动过程及其成效来见证其真实的发展。第三,发展问题的外在表现是主体面临多种发展可能性时作出选择并主动作为的活动过程,其中,多种发展可能性不仅指同一层次当中的不同发展方向,也指不同层次的发展境界。

经过上述探讨,我们可以对"发展问题"作如下界定:

> 发展问题是主体现有发展状态与预期发展目标之间需要消除的差距,包括需要克服的障碍和需要拓展的空间。

> 从班级管理的实践操作的角度来说,发展问题就是发展主体立足现状选择发展目标,由此选择并开展一项或一系列活动以见证自己的成长、逐步实现发展目标的努力空间或任务领域。①

---

① 在尝试界定"发展问题"这个概念时,我们从信息加工心理学家对"问题"的分析中得到了一些启发。例如,他们区分了问题的客观方面和主观方面。问题的客观方面称课题范围(task domain,一译"任务领域"),指问题的客观陈述。问题的主观方面是解题者对问题客观陈述的理解,称问题空间(problem space)。问题空间由三个成分构成:①任务的起始状态,即任务的给定条件;②任务的目标状态,即任务最终要达到的目标;③任务的中间状态,即任务从起始状态向目标状态转化的若干可能解答途径(每一解答途径又由若干步骤构成)。因此,可以把问题定义为:"给定信息和目标之间有某些障碍需要被克服的刺激情境。"参阅邵瑞珍主编:《教育心理学(修订本)》,上海:上海教育出版社,1991:126。

从教育学的学理意义上来说，发展问题是生命历程中出现的新的不确定因素或新的发展可能性，面对这种新的不确定因素或发展可能性，主体需要作出选择，而这种选择归根结底还是表现为发展主体的自主而有成效的活动。（当然，麻木不仁、随波逐流地放弃主动抉择，也属于一种选择，因为拥有正常人格的人都会自觉意识到自己的行为意义，由此而表现出来的"无所谓"或"放任自流"也属于主体的活动，虽然这种活动的品质不够理想，难以彰显出发展主体应有的智慧与尊严。）简单来说，"发展问题"就意味着发展空间，见证这种发展空间的存在及其价值需要以"成事"（开展活动）为外显标志。与此同时，主动完成的"成事"过程实际上也就是发展主体"成人"（生命发展）的过程。

2. 选择"发展问题"的三维标准

站在一名班主任的实践立场来看，对"发展问题"的内涵的辨析，最后还需融入到班级管理的实践行为之中。据此，在将"发展问题"作为教育思路的实践平台时，需要进一步明确如何从复杂多变的班级生活中选择"发展问题"。只有这样，我们才能合理地运用教育思路，组织并实施适应学生发展需要的班级教育活动，建构班级管理的整体格局。

通过对一些优秀班主任的长期工作经验，特别是用心研究学生成长和班级管理的典型案例的解读，我们发现：在从看似变动不居的班级生活中选择"发展问题"时，需要考虑到如下三个维度的标准：

（1）发展问题中的教育价值：适应并引领学生的"成长性需要"

从班主任的角度、站在班级整体发展的立场来看班级生活中的发展问题，首先需要理解其教育价值，因为发展问题的解决过程本来就是引导学生向更好状态发展的教育过程。不过，同样的言行表现可能昭示着不同的发展问题，而同样的发展问题也昭示着不同的发展方向，因此，在辨别发展问题、辨析其中蕴含的多种方向时，需要有明确的教育价值取向。此时，我们需要以前文区分出来的三个层次的学生发展需要为参照（见"以系列活动为主线构建班级管理的整体格局"这一部分就如何"聚焦发展问题，提炼发展主题"展开的探讨），理解发展问题中的教育取向，由此作出更明智的选择。

很多人以为班级管理中的"发展问题"意味着需要让学生走出由"缺点"或"障碍"形成的麻烦地带。像这样去选择发展问题，基本上就属于"找麻烦"，然后"消除麻烦"。诚然，在某些时候，学生有调皮捣蛋或不守规矩等情形，但是，这并不意味着我们只能盯着这样的问题而放弃对更高境界发展的追求。究其根源,如果只选择这类发展问题,我们其实是选择了针对学生"缺失性需要"而弥补缺憾、消除麻烦、力争达到合格的价值取向。坦率地说,相当多的班主任在班级管理领域中长期纠结于这个层次的发展需要,因而一直盯着学生的不足,诸如不守纪律、上课玩手机、被视为不合理的"异性交往"、学习动力不足、亲子交往障碍,还有遇到"学雷锋"日、"迎奥运"或"迎世博"时就痛批的各种"不文明现象"等。特别让人遗憾,甚至让人痛心的是,相当多的班主任主导下的主题班会竟然以纠缠于这些问题为主要内容,其结论或者是"这些不文明现象不好,我们不要这样做,否则后果很麻烦",或者是"我们身上的这些缺点,需要好好改正,否则对不起祖国、对不起人民……"①

　　相比之下,在常态化的班级管理中,更多的班主任理解的发展问题是让学生在达到合格要求之时继续保持下去,如在每周的班会中检查一下同学们的行为规范、学习表现,在防止出现不良现象的基础上鼓励同学们继续保持良好的纪律、认真的学习态度、文明的言行举止。如果在班级管理中选择的发展问题主要是这种情形,我们关注的就是学生的"维持性需要",其中蕴含的教育价值取向就是防止出现不规范的情形、维持正常的班级秩序和学习状态。不过,对于超越合格状态之上的更高发展境界,还没有主动关注和开拓。

　　与前两层发展需要相比,我们更应该关注学生达到合格要求之上的追求更高生命质量的"成长性需要",因为这是敞现更好的发展可能性、实现更理想的目标而需要拓展的希望空间。在这方面,可以看到一些优秀班主任常常引导学生自主探索,关注到如下发展问题:在群体交往已很活跃的基础上如何提高交往质量,在学习动力充足、学习效果不错的基础上进一步优化学习方法、主动挑战自我和加强合作……沿着这个方向,我们就会选择更高境界的"发展问题",用以适应并引领学生的"成长性需要"。此时,我们不一定要忽视前面两层发展情形和相应的发展问题,而是在兼顾它们的同时又不拘泥于它们,在追求更高境界发展的过程中同时包容并解决前面两层境界的发展

---

① 作者曾在一个小学三年级的主题班会上亲耳听到学生表态"一定要痛改前非"。这种现象之所以层出不穷,原因之一就在于许多教育工作者,乃至我们的教育文化的人性假设有缺陷,因为他们或这种文化预设的一个前提是:"孩子们,你们都是有毛病(不足、缺点)的人。"我国的教育(尤其是德育)之所以长期低效,这种人性假设和相应的教育观念与行为难辞其咎。

问题。这恰如一个主动养生健体和创造幸福生活的人，他不必忽视，但也不必纠结于每天吃药治病（因为在精神愉悦时身体会更健康、生病的概率会降低）；他也不必忽视充足的睡眠，但也不必为保持健康而静卧于床上、放弃充满活力与尊严的奋斗。

总之，在面对整个班级的学生时，要透过他们的行为表现，看到不同层次的发展需要。在此基础上，在选择需要解决的发展问题时有所侧重，这实际上反映了班主任对班级管理教育价值的不同取向，并将决定学生今后的发展方向。从建设"民主型班级"的角度来看，在选择发展问题，进而运用教育思路解决发展问题时，应该确立这样的标准：在兼顾"缺失性需要"、"维持性需要"和"成长性需要"的同时，重点关注"成长性需要"，并以这种更高境界的发展需要包容、引领其他两个层次的发展需要。简言之，在考虑发展问题的教育价值时，应突出强调适应并引领学生的"成长性需要"。

（2）发展问题中的生命体验：激活学生的智慧与尊严

在选择发展问题时对教育价值的取舍反映了对学生的不同发展需要的关注，无论如何，那都是关注"学生"的问题。相比之下，也许更需要防止的是用"别人"，而不是"学生"的问题来教育学生，换言之，在选择发展问题时弄错了"发展主体"。如果说在班级管理中采用"头痛医头，脚痛医脚"的工作思路本来就够落后了，那么类似于"头痛医脚，脚痛医头"，甚至"张三的头痛了，去医李四的脚"的工作思路就显然实在太荒唐了。类似地，同样荒唐的还有"以'头'的伟大为依据号召'脚'要变得更美丽"，或者"以别人'头顶上的帽子'的美丽为依据来命令自己的灵魂变得伟大"。可惜的是，这样荒唐的情形在校园中，包括在班级管理中并未绝迹，有时候甚至还大行其道。

这又可分不同的情形。例如，让孩子们被动接受成年人构想的、自以为伟大的理想生活，让他们来解决成年人设计的，甚至是虚拟的发展问题。再如，用先进人物、道德楷模的个性化的自觉选择变成孩子们无可回避的集体化的选择，并由此替代孩子们的自觉思考，把号召学习先进事迹变成命令大家必须表现出伟大灵魂。这些都属于用"成人选择的发展问题"来替代"孩子自己的发展问题"。又如，一名学生个体出现了某种先进事迹或思想品德问题，或者其他班级、年级、学校、地区的学生出现了值得歌颂的高尚品德或需要警惕的行为规范问题，就推断"我们的学生也应该像这样地先进、高尚"或者"我们的学生也有这样的问题"，这属于用"其他学生的发展问题"来替代"这个班级的学生的发展问题"。许多的教育活动，甚至大张旗鼓地面对全体学生开展的训导或感化,往往就是这样选择"发展问题"并据此策划和实施活动的。面对这类情形,我们只需稍微认真一点地调查研究(例如敞开学生的真实想法),或设身处地地站在孩子的角度用心感受,就会发现:这样的教育活动,很可能是让孩子们去解决他们没有真切体验的问题(包括社会期待他们创造更高尚生活的发展问题)。事实上,这并不能取得更好的教育实效,反而有可能让他们的发展失去真实感,乃至成长为没有灵魂的人。

与此不同,我们在建设"民主型班级"时解决的发展问题应该是学生有真实生命体验的问题,特别是从他们的真实生活中生成的问题。即使是从社会生活、学校整体部署的教育活动中选择的教育问题,也一定能与学生的真实生活建立有机的内在联系,能让学生敞开真实的心灵并在交往中实现真实的成长。例如,每年都举行的"学雷锋"活动与常见的"志愿者"活动,究竟是否在与时俱进地更新活动内容和活动方式,关键就在于是否让它们融入学生的真实生活之中,让学生通过真切的自主体验而获得真实的生命成长。以此为标准,我们不应让"学雷锋"简单地演变成为"做雷锋,不做自己"的愚昧灌输,不应让"志愿者"活动成为让学生当道具的应景式的"被活动",也不应把"响应号召"当成主流而忽视了孩子们心中"自觉向善"的生命活力——显然,一个真正有生命活力(包括有起码的道德品质)的人不会满足于"在号召之后"才开始学雷锋,而会在"没有号召之时"也有自觉的、充满自主尊严的发展愿望和努力上进的发展行动。为培养这样的人而激发每一名学生内心的生命尊严与活力,这才是真正的教育应该切实着力的地方。

其实,这里还涉及我们对"发展问题"内涵的进一步理解。对于拥有生命活力与尊严的人来说,发展问题应该是促成发展主体自觉地投入其中并主动探索生命意义、内容和方式的发展空间。发展问题本来就是"发展主体"自己应该面对并主动解决的问题,也可以说,发展问题本来就应该表现为一种需要主体置身其中、用心地热情探索的生命奥秘,而不是可以置身事外、视之为与己无关、因而可以冷静乃至冷漠应对并追求一种标准答案的一个客观问题①。简言之,发展问题不是客观问题或有标准答案的认

---

① 法国存在主义哲学家马塞尔(Gabrie Marcel)对"问题"(problem)和"秘密"(mystery)的区分可以启发我们作更多思考。在他看来,问题是能够被完全客观化并能用客观的方式解决的,这是因为面对问题的人能够完全与问题分离,并能够从外部看问题。问题有客观的解决方法,事情相对清晰。秘密就有所不同。秘密使人卷入其中,人不能为了客观地看秘密而跳出秘密之外,他就置身在情境之中,没有逃脱的可能性,也没有清晰的解决方法。参阅:[美]肖恩·加拉格尔著,张光陆译:《解释学与教育》,上海:华东师范大学出版社,2009:124。

知问题,而是需要发展主体自觉探索的生命意义问题,是可以由发展主体主动创造其内容的生命空间问题。

在如此理解发展问题的内涵和选择发展问题的标准时,我们当然应该站在学生的立场上辨析他们面对发展问题、解决发展问题时的生命体验。不过,中小学生毕竟是未成年人,他们的心智成熟度不一,因此,有些发展问题是他们自己清醒地意识到的,但有些发展问题他们却未必有清醒的认识。就某个具体问题而言,有些相关因素是他们能自己观察、感悟到的,有些则需要班主任主动运用专业素养(特别是明显不同于学科教师的专业智慧)来启发他们去了解和思考。

例如,小学生在二年级时就有可能出现非正式群体的交往现象,但他们未必能辨清其中哪些现象是"美"的、哪些是不够"美"的,因此,在他们新的成长历程中,就需要教师采用符合学生年龄特征的方式来启发他们发现"美"、展示"美"、创造"美",从而让他们用更清醒的自觉意识来实现更高质量的发展。再如,对于高中生来说,如果对他们进行的"法治教育"(许多人将其简化为"法制教育"[①])依然沿袭传统的说教方式,或者通过呈现违法后果来威慑他们,那很可能压制了他们的自主意识,让教育更为低效、无效,甚至产生反面效果。实际上,他们的抽象逻辑思维已经能让他们自主辨析"当你知道别人准备或已经做了违法的事情时,你怎么办? 是否会举报?"这类问题背后的两难选择,并通过同伴之间的讨论交流来澄清其中不同的选择及其后果,从而学会明智选择。[②]

总之,在选择发展问题时,我们应该从发展主体的角度把握这个标准:让发展问题源于或扎根于学生真切的生命体验,在探索和解决发展问题的过程中激活学生的生命智慧与尊严。

(3) 发展问题中的思考单位:可供自主选择的一段成长历程

明确了选择发展问题的前两个标准——"价值取向"和"生命体验",还不足以让我们在班级管理实践中直接选择发展问题,因为这涉及如何在变动不居、纷繁复杂的班

---

① 对于"法治"与"法制"的区别,可参阅李镇西:《民主与教育——一个中学教师对民主教育的思考》,桂林:漓江出版社,2007:45。

② 可参考广东省佛山市"名班主任培养对象"研修班成员、佛山二中邓碧兰老师围绕一次主题班会"法的体会"所写的研修作品。李伟胜:《班级管理》,上海:华东师范大学出版社,2010:95—96。

级生活中选取发展问题的思考单位。换言之,我们凭什么说这是"一个"或"几个"发展问题? 这类似于凭什么说这是"一节课"或"几节课"的教学内容。只有明确了这一点,我们在具体策划和实施班级管理、班级活动时,才能清晰地选择发展问题,并据此组织开展教育活动。

我们平时比较容易随口说到"这个问题"或"那个问题",不过,一旦想确定一下"这个问题"或"那个问题"的思考单位时,我们往往会觉得难以找到一个清晰的参照系。也许,在参照我们所说的"发展问题"的内涵的基础上,我们需要采用新的思考策略,让看似难以直接区分的发展问题变得比较容易界定。

此时,我们应该同时考虑到两个方面的因素。一方面,"发展问题"意味着发展空间,见证这种发展空间的存在及其价值需要以"成事"(开展活动)为外显标志,据此,在辨析"发展问题"的思考单位时,可以把开展相关的"教育活动"(成事)的过程和相应的时间单位作为一个外部参照系。另一方面,我们又不能满足于看到这个外显标志和外部参照系,因为我们更为看重的是"成事"过程之中的"成人"过程,即蕴含于教育活动之中的、与"成事"过程是一起展开的发展主体的"成人"(生命发展)过程。据此,辨析一个"发展问题"时可以参照对应于外在行为(如一次活动)或物理时间(如一节课的40分钟)的、可用"眼睛"观察或用"钟表"计量的考察单位,但还要超越这种外部参照系,以学生在活动中生成某种标志性的成长体验为内部参照系,用"心灵"去感悟、体会学生的发展状态,并据此选择确定一个"发展问题"的内在标准。

兼顾到上述两个方面的考虑,我们可以采用"内外结合"的思考策略——在这里,"内"指的是学生精神生命发展的内部进程和据此选择的辨析"发展问题"的内部参照系和内在标准,"外"指的是学生参与教育活动的外显过程和据此辨析"发展问题"的外部参照系和外显标志。据此,我们可以同时着"眼"于"成事"的活动过程及其物理时间并用"心"关注"成人"的生命发展过程及其标志性的成长体验。也就是说,在辨析"发展问题"的思考单位时,我们可以在具体操作时参照外显的行为和物理时间,在利用这类外部标志的同时,又不拘泥于它们,而是超越外显标志,关注学生精神生命成长的内部标准。进而,我们可以将一个"发展问题"理解为学生主动投入的一段生命成长历程。

于是,对于同一类行为表现和相应的教育活动,可以从不同视角看到不同的"发展问题"。例如,在班级中探讨"追星"现象,既有可能是促使一名学生思想变化、改变学业成绩下降趋势的"发展问题",也有可能是促使一组非正式群体转变行为方式、提高交往品质的"发展问题",还有可能是改善班级整体的文化氛围、让学生在开阔的视野中优化自我意识的"发展问题"。

同理,一个大的"发展问题",也许会在不同的发展阶段、不同的发展领域表现为多个小的"发展问题"。例如,让一个班级改变习惯于听从成人安排的被动发展状态、学会自主策划班级主题活动,这个很大的"发展问题"可能需要持续一个学期、开展一系列的"大项目"活动才能逐步解决。其中,每次活动都有可能解决一个小的"发展问题",乃至每次活动的每个环节解决一个更小的"发展问题"。此外,也许在前面一个阶段解决的一名学生的一个比较大的"发展问题"(如案例《"屈辱地玩"和"自豪地玩"》中解决的学生个体的亲子沟通问题),最后能够转化为解决全班同学一个比较大的"发展问题"的过程中在一个小的环节面对的小的"发展问题"(如主题班会"父母是你特别的朋友"和"主动沟通"中从班级层面来看的小的"发展问题")。

当我们以活动过程及相应的时间进程作为外部参照系来辨析发展问题的思考单位、界定"一个"发展问题时,不能忘了前面已经探讨过的"教育价值"和"生命体验"这两个标准。其中,特别要注意的是:发展问题的根本价值在于敞开并生成学生发展的多种可能性,因此,在辨析并选择发展问题时,最根本的要求就在于,站在学生的立场,考虑其对自身发展可能性的自觉意识和主动把握。如此说来,我们可以将这里所说的"发展问题的思考单位"进一步明确为:它是可供学生自主选择的一段成长历程。在这个历程中,学生可以主动面对发展问题敞开的多种发展可能性,并在群体交往的过程中主动地辨析和选择,进而在新的时间进程中展开新的生命活动,在"成事"的同时实现"成人"。

总之,面对班级中的学生发展状况,特别需要教师用心观察和理解,并根据不同阶段、不同人、不同发展内容的实际情况作出灵活的、体现教育专业智慧的具体选择,而不是参照一个固定的标准作出机械的选择(如在体力劳动层次重复表达教师的爱心或延续枯燥说教思路的谆谆教导)。换言之,要结合"这一个班级的学生"在"这一个时刻"的实际情况,用心选择合适的发展问题。即使是通用于别的班级、年级的发展问题,也应该有"这一个班级"在"这一个时刻"的独特内涵和表现。否则,说我们"真心爱孩子",说我们"用心教育学生",就可能是一厢情愿的想象,而不是真实的情形。为了确实做到真心爱每个班级的每个学生,并且用班主任的教育智慧去爱他们,特别是利用学生的自主发展机制来激活他们的生命,在选择发展问题时,就应该参照这里探讨的三维标准,作出明智的思考和判断。

(三) 教育思路的逐步展开:解决发展问题的四个环节

在前文,我们从班级管理中师生交往的角度辨析了教育思路的核心内涵(通过师生交往激发学生交往共生),然后探讨了如何在实践中选取有价值的"发展问题",并将其作为实践平台来运用教育思路。现在,我们就要接着辨清教育思路得以展开的过程,也就是运用教育思路解决发展问题的四个环节。理清了这个过程,我们就能更清晰地看到:班级管理的教育思路不仅具有不亚于学科教学的专业内涵,而且可以展开为不亚于"教学模式"或教学过程中的若干环节的清晰且可操作的实践路径。

不过,在前文已经达成的认识的基础之上,在即将就教育思路的展开过程进行具体辨析之前,我们还需要逐层"踏上"思想上的"三级台阶"。

"第一级台阶"是看清发展问题的实质——发展主体对自身发展可能性的自主探索。如果说学科教学的专业性体现在培养学生的"认知系统"上,那么班级管理的专业性就体现在培养学生的"人格系统"上。在致力于培养学生人格系统的教育活动中,学生的发展问题更多地表现为一种生命奥秘,涉及每个发展主体对生命意义、内容和生活方式等方面的理解,而其核心就是对自我的理解。从教育学的角度来看,这样的发展问题就是每个人如何理解自己的发展可能性的问题。这样的发展问题得以被师生共同发现、探讨和解决的过程,就是他们作为发展主体主动探索自身发展可能性的历程。

"第二级台阶"是凸显发展主体不可剥夺的主动权。对自身发展可能性的这种探索历程,没有固化的预定目标或固定的终点,也难以像学科教学那样有预先就选定的系统内容作为外在的、相对清晰的参照系,否则就会让未成年人的发展变成"被发展"或"沿着成年人规定的道路发展",进而有可能压抑学生的自主活力。此时,我们必须把自主探索、理解、辨析、选择、生成发展可能性的主动权还给每个学生,因为那本来就是学生的,而且是其他任何人都无法替代的。正是在此探索历程中,成长体验和生命意义得以生成,精神活力和生命尊严得以彰显。反之,如果我们剥夺了学生的主动权(包括充满爱心地剥夺这种主动权),其实就是剥夺了他们的精神生命真实而自主的成长机会,结果就会导致虚伪的或有缺憾的成长。

"第三级台阶"是让每个学生通过群体交往敞开辽阔的探索空间。作为生活在社会中的个体,每个人的生命成长都离不开与社会的交往。相应地,探索生命成长奥秘的发展问题不能只靠孤独的个体独自探索或教师个体与学生个体的个别交往来解决,而需要通过群体交往(包括师生交往)来相互启迪、共同探索。此时,作为班级建设切入点的发展问题就为班级成员交往共生敞开了探索空间,这就是每个学生个体都可以通过群体交往主动拓展的辽阔的探索空间。在这个空间中,每个学生个体的精神生命世界都在跟其他人的交往过程中获得了更为开阔的视野、更为丰富的资源、更为多样的心路历程,并由此生成更鲜活的生命内容、更有活力的生命品质。

在逐层"踏上三级台阶"之时,我们所理解的"发展问题"就成为一个具有更高的思想高度的实践平台。此时,我们就可以站得更高、在更为开阔的视野中理清教育思路得以展开的具体过程,也就是辨析一个发展问题的解决过程,即教师运用教育思路(通过师生交往激发学生交往共生),与学生共同探索其生命奥秘的过程。具体来说,这一过程可分为四个基本环节。①

1. 敞现:敞开心扉,袒露真实思想

"敞现",就是针对需要解决的发展问题,充分敞开每一位班级成员的真实想法和背后的依据,特别是自己在学习生活中产生的真切的成长体验。

在这一环节,需要同时兼顾两个方面:一方面,敞现自己,即每一位班级成员(包括教师)都是发展主体,大家都可以通过撰写周记、参与小组讨论、现场交流等方式表达自己的真实观点和成长体验。另一方面,敞现他人,即在民主的交往过程中关注、欣赏、理解其他人的观察和感受,让更多的信息敞现在自己面前。在这个过程中,每一位学生个体都应得到尊重和关注,都应有表达的机会。当然,这并不意味着每个人都必须得到同样长的发言时间、相同的表达方式,因为充分的民主交往,特别是群体交往可以提供多种形式的机会让每个人敞现自己、倾听他人(这是我们在前文中阐述"群体交

---

① 在持续研究的过程中,我们曾经将这里说到的四个环节表述为"敞现—交流—辨析—提升(生成)"。参阅李伟胜:《班级管理》,上海:华东师范大学出版社,2010:48—55。现在,我们认为在激发学生主动解决发展问题的过程中,"交流"与"辨析"往往是同时进行的,另外,对新的想法或行动方案的"选择"具有关键作用,因此,现在更换为本处的表述方式。

往"对每一个"学生个体"的教育价值时已经辨析过的）。

我们在主题活动"主动沟通"中看到，"敞现"可体现在如下几个方面：

主题活动"主动沟通"中的"敞现"

① 理性面对交往问题。遇到亲子交往出现障碍时，不是退缩，也不是简单却缺乏理性地行动，更不是固执地坚持单方面的观点，而是用心、用智慧冷静地面对，通过静心思考，从多个角度敞开问题的真相。

② 主动袒露交往感受。无论是亲子之间、师生之间，还是同学之间，如果需要，都能表达出存在障碍的亲子交往的感受和对通畅的亲子沟通的期待（包括发生冲突之前、之中、之后的体验）。

③ 自觉感悟问题成因。这既是促成每一个同学自我反思的契机，更是开发班级教育资源的机会，因为每个人的内心世界其实蕴藏着大量的信息。例如，"亲子间的冲突不是因为父母变了，也不是因为自己变坏了，而是因为自己正在长大"。此处的一个重要指向就是从"我"的交往经历中辨析原因，而不是简单地归结为单方面的因素，如"我没有听话"、"我没有理解爸爸妈妈的要求"。后者虽然是许多类似的班会或教育活动中的主流观点，但其实也是看似正确、其实模糊的观点，甚至因为它模糊了亲子双方的责任、交往经历，掩盖了事实真相，更让"我"的成长路径依然停留于表面正确、实则低效或无效的蒙昧的交往方式（这是很多教育活动缺乏实效的根本原因）。

④ 用心开发典型案例。包括真实呈现一个同学亲子沟通获得成功的故事，如《"屈辱地玩"和"自豪地玩"》。

⑤ 师生合作顺势推进。即在前期开展了必要且充分的准备活动之后，在相互敞现、共同探讨发展问题已经取得成效的基础上，顺势而为，选择"主动沟通"这个主题开展新的班级活动。相比之下，一些由教师一厢情愿地"强势而为"，甚至"逆势而动"的教育活动，往往因为缺乏学生成长体验这个根基而难以取得真实的教育效果，导致长期纠缠于低境界的教育和低境界的发展。

⑥ 前期活动敞现体验。包括结合以往活动写成长体验、针对亲子交往开展小组讨论……

⑦ 现场活动回顾分享。例如，通过观看视频回顾以往的活动片段，通过现场交流进一步分享活动感受。

诸多类似的教育活动都表明：这样的"敞现"环节可以取得的教育效果远比"灌输"式教育好得多，也比教师自己通过种种方式"发现"学生信息或"开发"教育资源的效果更为理想，因为"敞现"可以让学生从更丰富的视角理解生活内容、成长体验，为后续的主动交往（而不是单向接受教导和约束）敞开新的空间。就此而言，"智慧型班主任"不仅应该心胸开阔，而且应该思维灵活，鼓励并激发学生放心地、高质量地相互敞现。

当然，必须说明：通过"敞现"环节来促成班级成员共同解决发展问题，其前提条件是在日常化的师生交往、生生交往中建立和维护一种坦诚的交往关系，而不满足于规范行为表现、只关注学业成绩、维持班级秩序等境界的教育要求。显然，这样的前提条件难以临时创造，而需要在日常化的班级发展的整体格局中（以系列主题活动为主线，融通日常管理和文化建设）逐步生成。

2. 辨析：澄清认识，辨明不同价值

"辨析"，即通过对不同观点或成长体验的交流、欣赏、评价，尝试辨别各种观点或体验的异同及其相互联系，鉴别处理发展问题的不同思路和方法，由此辨明不同的价值取向。这既包括对各种经验的内容比较，还包括对这些经验的形成方式的辨析，即对经验的形成过程，尤其是当事人真实的心路历程的辨析。此外，很值得关注的一个重要方面就是发展主体对自己的发展需要的辨析，即以"缺失性需要"、"维持性需要"和"成长性需要"为参照，自觉理解并追求更高境界的发展。①

---

① 在理解"辨析"这一环节时，可以参考美国纽约大学教育学院教授拉思斯（Louis Raths，也译为瑞斯、雷斯、拉斯）提出的"价值澄清法"。这一方法旨在协助青少年察觉自己和他人的价值、确立活动的目的，使他们具备批判思考能力。"价值澄清法的主要任务不是认同和传授'正确的'价值观，其目的是帮助学生澄清他们的价值陈述与行为。"[L. E. Rath, M. Harmin, S. B. Simon. *Values and Teaching：Working with Values in the Classroom*（2nd Edition）. Columbus, Ohio：Merrill, 1978. P12.]在具体运用价值澄清法时，教师需首先了解学生过去的经验，帮助他们澄清自己的思想，表达自己的看法，然后组织他们进行评价和反省。一般采用谈话法、书面答卷和讨论这几种形式；其中，当学生在讨论中发表看法时，教师不作评断。讨论的技术性方法有角色扮演、假想偶发事件、拐弯抹角的讨论等；讨论的步骤有选择讨论主题、鼓励学生经过思考再发言、活用讨论方式、帮助学生总结学习经验等。可参阅路易思·拉思斯：《价值与教学》，杭州：浙江教育出版社，2003。

当然，"辨析"的前提是在"敞现"的同时进行思想的交流。这就意味着在互相欣赏的同时互相评价，让每个人的视域得以拓展，从而让"小我"通过互动逐步融入"大世界"，成长为"大我"。此时，针对具体的发展问题而敞开的成长体验、生命智慧就在交流中成为班级成员共有的精神财富、教育资源，更为丰富的发展可能性也就为全体学生昭示着更为开阔的发展空间。在这样的群体交往中，每个个体的生命热情和生活智慧更有可能被具体的交往活动所激发，因为每个人的生命尊严和生活智慧不是孤独个体在孤芳自赏或顾影自怜中封闭地形成的，而是在跟外界打交道的过程中得以彰显和生发的。其中，通过与最亲密的伙伴和老师、父母的交往而多维度地反思自我、彰显潜能，包括受到其他人的启发而通过类比、联想、推测、憧憬等方式而检视自己已有的发展情形，并敞开自己新的发展可能性，乃至让自己的精神世界进入一种内容丰富、品质高雅的发展状态，这是班级建设最有可能为学生提供的成长机遇，也是真正的教育最应该让学生获得的生命体验。

从"智慧型班主任"的角度来看，可在这类丰富的发展机遇和成长体验的基础上，通过"师生交往"激发学生主动探究的愿望和智慧，进而在"群体交往"中进一步辨析各种相关因素。通过这种努力，可以有效促成每一个学生形成富有生命智慧的自我意识和发展能力。例如，在主题活动"主动沟通"中，同学们一起经历的"辨析"过程就表现为如下几个方面：

主题活动"主动沟通"中的"辨析"

① 辨析故事中的不同选择。在呈现亲子沟通中的一个小故事（月考成绩不好，与父母有争执；同学们真诚关心、支持，另一家长听说之后主动地上门沟通……）之后，让学生在小组讨论、班级交流中辨析：引起争执的原因在哪里？如果你身边的同学遇到这样的事情，你会怎样做？为什么？别人的关心虽然可贵，但那只是外部支持，相比之下，这个同学自己应怎样处理？在这里，每个讨论题的答案都不是唯一的标准答案，更不是由教师或家长提供的权威答案，而是由学生自己结合生活实际，探讨多种可能的情形，以便作出合理的选择。

② 辨析交往行为中的责任。例如，面对不同选择时自己应该如何取舍、每一种选择背后的"我"有什么样的成长体验，由此感悟不同的行为实际上体现了不同

的责任。再如,在呈现一次问卷调查("你有小孩子气行为吗?")的结果后,让学生辨析自己的行为表现、自己承担的责任和家长作出的反应、自己的成长体验,由此领悟到:你表现得越"小孩子气",你的父母越把你"拴牢"。

③ 辨析主动沟通中的自豪。例如,在讲述故事《在沟通中成长》时,让同学们一起分享与家长主动沟通带来的成就感,进而让学生们理解不同的取舍带来的不同的效果,特别是"我"自己承担不同的责任带来的不同的生命感受。

通过对诸多类似的教育案例的研究,我们发现:"辨析"可以带来的教育效果主要体现在两个方面。一方面,从学生个体的角度来看,带有深刻生命体验的辨析过程有可能激发并培育生命自觉意识,让每一个学生更清醒地感悟到自己的发展现状和面临的发展可能性,并以此为基础形成更强的自主能力,合理地辨析、选择和利用多样化的精神营养,更自觉地把握丰富的发展可能性。另一方面,从整个班级的角度来看,这样深入的辨析有可能为每个学生提供更为清晰、高尚的生命发展参照系,更重要的是,这种参照系不是由成年人一厢情愿地赐予的一个固定的、理想化的、用以诱导学生钻进去的现成世界,而是在学生群体自主交往中相互激发、共同创立并持续更新的一个"意义之网"和可能世界。看到了这个"意义之网",并在日趋清晰的自主意识指导下参与其建构,这正是让每个学生精神生命品质得以提升的有效机制。有此机制,美好的教育理想才有可能真正实现,一代新人才有可能自主创生出充满活力的新世界。相比之下,缺乏新内涵的无力言行,或抑制生命的强力牵引,显然难以让青少年的生命焕发出更强的活力。

可以看到,以真切的生命体验为基础,经历了交往过程中的相互"敞现"和共同"辨析",才有可能让学生的生命产生实质性的成长。否则,教育活动很可能只是在灌输别人的现成观念、传授已经定型化的技能,同时在抑制新的生命的自主成长。

3. 选择:解决问题,作出新的抉择

"选择",就是针对具体的发展问题,在充分辨析不同的思路和处理办法的基础上,选择解决问题的"行动方案"和相应的思想观念、思维方法。

经过"敞现"和"辨析",解决一个发展问题的多种可能路径已经呈现在主体面前(而非在教师过于强势的主导之下的唯一路径)。这就意味着发展主体对多种发展可能性已有比较全面而清晰的自我认识（而不是仅仅由一个高明的老师去把握和明示），与之相应的，不同的可能路径涉及的发展因素、主体体验，不同路径导向的前景与后果、相应的价值效果，都让发展主体充分体悟、鉴别。以此为基础，就可以让发展主体接着进行自觉而明智的"选择"。

实际上，"敞现"与"辨析"的目的就是为了解决发展问题，即缩短"主体现有发展状态与预期发展目标之间需要消除的差距"，为此，就需要在这个"差距"之中作出实质性的努力。与此相应，解决发展问题的显性标志就是为了缩短，乃至消除这个差距而"选择"具体的行动方案。同时，主体为了实现主动发展而采取的行动都是有目标、有依据的，因此，与选择行动方案相应的就是对相关思想观念、发展需要、思维方式、活动方式、活动内容等因素的选择。

就我们前文所说的班级活动"大项目"来说，它本来就是为了解决一个重要的学生发展问题而实施的，其中，在尝试解决问题时最明显的"选择"就是逐步形成其中最关键的"小活动"（主题班会）的方案并据此举行班会。

就一次主题班会而言，在班会过程中经历了"敞现"、"辨析"之后，同学们可以针对班会力图解决的发展问题形成新的认识和行动计划。例如，在主题班会"主动沟通"中，同学们的选择就落实在如下几个方面：

主题活动"主动沟通"中的"选择"

① 选择意义。包括如何理解"14周岁"的人生意义和通过前次班会"父母是你特别的朋友"获得的体验，现在又该如何看待新的故事中的亲子沟通障碍。

② 选择方法。如解决"亲子冲突"问题的不同办法（包括在交往过程中不同阶段应有不同策略）。

③ 选择责任。即作为新时代的初中生应该承担起与父母"主动沟通"的责任，从而超越常见的"顶撞"或"听话"这两种选择，找到新的交往空间。

④ 选择尊严。即感受主动交往带来的成就感，体会正在成长的自豪感，从而带着豪迈的情怀、坦然的心态，面对诸如亲子沟通等新的发展问题。

当然，从其他角度来看，不同的"发展问题"也就有不同的"选择"。例如，在一个主题班会中,包含了一个学生的个人发展问题或一个小组的群体发展问题,作为发展主体的这个学生"个体"和这个"小组"就有可能作出各自的"选择",形成符合各自需要的解决发展问题的新思路或新计划。

从"智慧型班主任"的角度可以看到,在我们正在讨论的教育思路中,"选择"环节最能凸显出发展主体对不同境界的发展需要的理解、辨析和抉择。相应地,在这一部分如何通过师生交往巧妙地指导,但不是强势地规定或约束,就最能体现班主任内在的教育价值追求。根据一些优秀班主任带领学生创造的典型案例,我们发现,只有在前面的"敞现"、"辨析"环节中着力激发主体内在的生命尊严和生活智慧,才能在"选择"环节通过主动选择更合适的行动方案并逐步落实来切实激发他们的生命豪情,从而彰显他们的生命尊严与智慧。

如果这样的教育思路得以有效落实,我们就可以期待此时看到这样的教育效果:选择更为合适,也更能见证主体尊严和智慧的办法,有效解决发展问题,能够激发学生开展进一步的行动。此时,经过自主探索和民主交往而形成的"行动方案"综合性地体现着两个方面的情形:从"成事"的角度来看,这体现着学生解决问题的能力(而不是教师发出号召的能力),包括理解发展问题、掌握相关资源、辨析和选择不同角度的思考;从"成人"的角度来看,这体现着班级交往的状态,包括每一个同学的自觉自主、自尊自信和同学们之间的交往状态、班级的文化生态,还包括师生交往的品质、班主任的教育理念。

4. 生成:生发活力,感悟生命智慧

"生成",就是在解决发展问题的过程中让学生形成超越具体知识或固定方法的生命智慧。也就是说,每个学生可以由此生成更为灵活的思维、更有活力的思想、更加充分的自信,整个班级可以生成更为和谐民主的成长氛围和共同成长的新希望。

许多班级的实践案例和学生发展表明,在真诚沟通、深入辨析的基础上,在主动探讨如何选择解决发展问题的具体方法和行动方案的过程中,每个学生就更有可能在面对具体问题时获得更高品质的发展,这包括:真切地理解更丰富的信息,生成更成熟的认识和体验,并将其融入到新的充满活力的发展历程之中。此时,更高品质的教育经验得以在两个层次上生成。其一,在"成事",即解决问题的层次,在作出更明智的选择时,学生也形成了更开阔的视野、更灵活的思路。无论最后选择的行动方案与他们在交流和辨析之前的思路是否相同,他们的教育经验都有机会经受多元观点和体验的交互检验、补充、完善,而不是只在一个视角、一种思路、一个声音中被训导并逐渐失去思想活力。经过多元视角的审视和辨析、选择,学生所得的经验实际上已经超越了传统教育意义上的认知,因为它已经吸收了群体交往中的体验,包括对原有认识的反思、检验并相互倾听、共同完善的过程,还包括在这些过程中获得的自主自信、相互欣赏的人格体验。其二,在"成人",即交往共生的层次,学生通过参与解决具体问题的过程,感悟到更高层次的发展之道、交往之道,特别是自主发展的意识和能力。这将指导他主动探索其他发展问题的解决之道,包括现在尚存的其他发展问题和将来可能遇到的发展问题。由此,他将拥有主动发现、把握和开拓新的发展可能性的真正本领。显然,学校教育不可能穷尽学生的所有发展问题,因此最好的教育就应该是激发学生生成走向成功的自主发展之道,而不是在教师或已有事例后面"鹦鹉学舌"、"亦步亦趋"。在这方面,班级教育活动的独特作用是一般意义上的学科教学或灌输式德育等无法取代的。

参照这两个层次的"生成",我们可以看到,不同水平的班主任会有不同的抉择,因而会为学生敞开不同境界的发展空间。一般的班主任只看到就事论事的琐碎事务,在勤奋的忙碌中放弃了更高追求,因此难以看到有价值的,特别是体现学生"成长性需要"的发展问题,也就难以让学生获得上述的"解决问题"层次的发展内容。更为专业的班主任,因为对教育真谛有了更深的体会,会抓住班级生活中出现的重要的发展问题,带领学生主动探索,从而让学生获得上述"成事"层次的发展空间。相比之下,一些致力于提升学生精神生命质量的"智慧型班主任",会同时关注到"成事"层次和"成人"层次的发展空间,努力创造机会,不仅解决发展问题,而且让学生在民主交往中共同创生新的成长经验和生命智慧。

以主题活动"主动沟通"为例,其中的"生成"主要体现在如下四个方面:

主题活动"主动沟通"中的"生成"

① 生成更丰富的体验。这包括对亲子沟通中遇到的具体问题的体验,如"玩"出更自豪的境界,"把沟通当成一件开心的事去做",在放心地和同学们相互敞现和沟通的过程中形成一种集体归属感……

② 生成更积极的心态。当他们明白自己遇到的发展问题其实正在见证自己的成长时，当他们看到同龄人都有可能遇到类似的困惑时、有类似的发展需要时，他们就可以更加真诚、坦然而积极地面对发展中的问题，并且在教师的帮助下看到"成长性需要"可以敞开的希望空间，更加努力进取，自觉探索，主动交往。

③ 生成更主动的行为。结合发展问题的解决过程，享受到主动进取带来的自由和自尊，进而转化为日常化的主动作为。在此，我们可以期待每一个学生个体都能将这种积极主动的行为坚持下去。这不仅是因为个体自己逐渐生成日趋成熟的信念和更加坚定的毅力，更重要的是在一个班级的文化氛围中着眼于"成长性需要"的相互激励、相互支持（而不仅仅是着眼于"缺失性需要"或"维持性需要"的相互监督、相互督促），让民主的交往方式融入到日常的班级生活之中，包括家长之间的友好交往。

④ 生成更有效的智慧。立足自主探索和主动交往，他们看到了更多的希望，也提出了更能体现他们智慧的新的行动建议（即《我们怎样与父母沟通——给同龄人的建议》），让每一个学生都能主动承担应有的责任，促进自我发展，回报父母和社会。这使得学生从情感到理智都有实质性的、向更高境界的发展，而不是停留于原有的发展水平，也不是停留于接受教师充满爱意的劝告和要求，更不是停留于连自己都不相信的空洞的套话之中。

如果我们把"教育思路"的这四个环节与前文论述的"发展机制"的展开线索（特别是其中结合案例《"屈辱地玩"和"自豪地玩"》所作的具体分析）予以比较，就会发现两者其实是内在相通的。这是因为教师的"教育思路"本来就是围绕学生的"发展机制"而展开的。也就是说，教师的教育思路最显性的部分是班主任直接参与的"师生交往"，但师生交往最重要的作用对象其实不是每一个学生"个体"，而是学生"群体"；教师激活"个体自主"的途径包括直接跟个体进行个别交往，但更重要的途径应该是通过"群体交往"激活"个体自主"（换言之，班主任直接针对每一个个体开展的师生交往或个别教育，不应属于班级管理或班主任工作的常态，而应该属于其中通过群体交往难以解决个体发展问题时的特例）。这是我们在探索建设"民主型班级"的研究过程中汲取许多优秀班主任的宝贵经验而得出的最能反映当今这个正在实现社会转型的时代需要的教育思路，也是"智慧型班主任"应该采用的教育思路。

在这种新的教育思路中，班主任和学生之间心意相通，因而可以将"（教师的）教育思路"和"（学生的）发展机制"贯通起来，由此取得的教育效果，将远远好于教师过于强势的"幕后操控"、"直接宣教现成的套话或规范"等庸常的做法，也会大大好于"替学生作出选择"、"用别人的发展问题来训导我们自己的学生"等落后，却可能依然流行的教育思路。尽管这些庸常、落后的情形有时表现得很温柔、很有爱心、很有口才、很有"民主"的姿态，但都难免在专业智慧上有所欠缺，因为教师往往在其中过度"牵住学生的手"，甚至"剥夺学生的主体地位"。相比之下，我们在这里倡导的教育思路没有简单否定教师的指导作用，而是希望教师用更高的专业智慧，特别是班主任面对整个班级（而不是一个个孤独的学生个体）时的专业智慧，激活班级中的群体交往，让同学们学会"手牵手"、"心连心"（当然包括和教师"手牵手"、"心连心"），在交往中共同创生更辽阔的希望空间。归根结底，班级管理（班主任工作）致力于培养的"人格系统"具有自身的独特性，它无法传授（把一个伟人的人格魅力宣扬一万遍并不等于可以让一个新人的人格也同样伟大），而只能培养，因为每个人的人格系统有自身的生成之道。进一步来看，每个学生的人格系统的自主生成，更多的不是靠跟成年人交往，而是通过与同伴交往来共同生成。因此，能够把握教育真谛的"智慧型班主任"当然需要选择具有独特专业品质的教育思路。

在本章中，我们明确提出超越管制型班级、自主型班级，建设民主型班级，并在此境界中形成以系列主题活动为主线、融通日常管理和文化建设的班级管理整体格局。在此基础上，我们深入辨析了学生的"发展机制"和教师的"教育思路"，进而将教育思路展开为具有可操作性的解决发展问题的四个环节。显然，掌握这样的班级管理整体格局，并在其中理清具有班级管理专业特性的教育思路，会让更多的教师成长为"智慧型班主任"。

当然，在真实的班级管理实践中，可能会出现许多具体而复杂的情形。例如：从一个角度来看的"发展问题"，也许牵涉到其他视角的"发展问题"，甚至是多个视角中的多种发展问题汇集在一起，相互牵连。再如，即使是就同一个"发展问题"，学生在解决问题的过程中也有可能出现反复……这就意味着，我们还需要在整体把握班级管理的教育思路的基础上，在具体的实践情形中灵活应用。这就是我们在第三章中要继续探讨的内容。

第三章
在日常实践中创造性地应用教育思路

　　我们已经看到，与重点在于培养学生"认知系统"的学科教学不同，重点培养学生"人格系统"的班级管理的最重要的教育途径就是交往活动。其中，运用"师生交往"激活"群体交往"，进而促成"个体自主"是最能凸显班级管理专业特性的教育思路。理清这一思路，当然需要我们运用超越传统视野的一些创造性思考。相比之下，将这种教育思路具体运用于日常化的班级管理日常场景，更需要我们运用创造性的思维，将其应用于日常实践之中。这些创造性的思考和实践，恰好见证着"智慧型班主任"的专业高度。

　　在致力于通过创造性实践应用上述教育思路时，我们首先要超越一些常见的传统思想。例如，对于人们似已公认的教师工作的专业特征，我们还应有新的思考。在这方面，对于很多人来说，"这里所说的'专业'不是指把教师职业本身作为'专业'，而是指教师承担课程所属的学科专业"[①]。深究下去，其中至少有两个问题值得思考。其一，教师工作的内容。在这种视角中，教师工作的内容就是学科教学。至于通过师生交往，特别是通过激活班级中的群体交往而培育每位个体的人格系统，似乎并不属于专业工作内容，最多只是教学这个专业工作中的附属条件或工具性的因素，用来服务于学科教学。其二，教师工作的性质。就上述观念所关注的学科教学的专业性质来说，长期以来，"人们看重的依然是教师劳动的外在社会价值，依然把这种劳动的性质

---

① 叶澜等:《教师角色与教师发展新探》,北京:教育科学出版社,2001:7。

看作是传递性而非创造性的工作"①。换言之,这不仅意味着教师工作的专业属性其实是依附于学科知识的专业特征的,而且意味着学科教学的专业标准在于如何"传递"专业知识,而这种"传递"本身无需创造。为了实现无需创造的"传递"而开展的其他活动(理解学生心理、激发学生动机、调节师生关系、激活生生交往),因为不属于专业工作的关键内容,纵然其中有创造的空间与表现,也往往被看作是"扎实的专业功底"(特别是对所教学科知识的掌握)之外起着辅助作用的因素。

毫无疑问,随着社会的发展和教育改革研究的拓展与深化,人们对教师工作的专业特征的认识已经有了很大的变化。相比之下,上述观念虽然仍普遍流行,但其局限性、落后性已经越来越明显。就本书所关注的班主任从事的班级管理来说,我们认定它是不亚于学科教学的专业工作。为此,我们还需进一步确立两个认识基础:其一,交往活动(包括师生交往、生生交往)是教育活动取得成效的关键因素,因此,激活交往本来就应该是教师专业工作(包括学科教学)的重要内容。其二,班级管理中的交往活动需要更为复杂、更有智慧的创造性工作。其涉及的复杂因素和过程决定了这一领域所需的创造性绝对不亚于各门学科中的认识活动,而只会超出后者(需注意:暂时没有达到与后者相近或超越后者的创造性与专业性,并不等于它不可以拥有创造性和专业性,恰如暂时听不懂交响乐并不等于我们不可以欣赏贝多芬的音乐成就和创造我们自己的文化作品)。

于是,在班级管理的日常化场景中,每天、每件事、每个人都会敞现出不一样的发展内容和发展过程,这里特别需要在通常所说的"全身心热爱学生"的教师素养中融入"创造性地研究学生"和"创造性地开展交往活动"等新的专业内涵。否则,有爱心的工作未必就一定是体现专业智慧和专业尊严的工作,因为仅仅有爱心最多只能让我们赢得类似于人们赞赏非教育专业人士(如医生、护士、慈善工作者、从事其他工作的道德模范)的爱心时的赞美,而不是对我们最关键,也最应得到珍惜的专业品质的欣赏。

在本章中,我们站在一位"智慧型班主任"的角度,从两个方面来探讨如何创造性地应用班级管理的教育思路,在班级管理的整体格局中逐步提升这一工作的专业品质:首先,要结合具体场景进行具体创造;其次,要超越具体场景形成长期规划。

---

① 叶澜等:《教师角色与教师发展新探》,北京:教育科学出版社,2001:10。

一、结合具体场景进行具体创造

正如我们在第二章辨析教育思路时已经强调的:在班级管理中开展有计划的教育活动,理解并运用专业的教育思路,需要将其展开为"发展问题"的解决过程。为此,在结合具体场景创造性地运用教育思路时,我们固然需要关注各种细节,但更要透过各种细节,选择合适的"发展问题"作为策划和实施教育活动的思考单位,否则,要么拘泥于琐碎事务的处理而难以理清教育思路,要么流于粗浅或空泛的教育思想而难以将教育思路落实为教育活动。

为了更深入地探讨这一创造性工作的策略,我们首先来看一个见证教育思路的典型案例,然后具体分析其中是如何创造性地运用教育思路的。

(一)见证教育思路的又一个典型案例

我们在第二章探讨"班级生活中的发展问题"时已经具体分析过一个案例:《(小学四年级)"班级非正式小群体"引发的问题》。其中,班主任陆敏老师看到了两个"问题":其一是女生分成三类小群体,这对学生个人与班集体发展产生了一些不利影响;其二是男生形成了一个积极性的小群体和一个消极性的小群体。

显然,这两个问题分别是从"女生"和"男生"的角度提出的,但同时它们都与"班级"的整体发展直接联系在一起——毕竟,班主任是直接针对"班级"开展教育工作的。于是,转换一下视角,将这两个问题汇集在一起,从班级整体发展的角度将其表述为一个发展问题:"促使各个小群体在互相交往中共同进步。"这正是陆敏老师带领学生着力解决的发展问题。为此,他们一起开展了"寻找美"的系列活动。

在"寻找美"的活动中共同进步[①]

班级中的学生对好学生的认识比较片面,认为成绩好的、纪律好的学生就是

[①] 摘自上海市闵行区华坪小学陆敏:《创设多元、多群、多向互动和谐的班级非正式群体》,载于李家成等:《"新基础教育"学生发展与教育指导纲要》,桂林:广西师范大学出版社,2009:201—205。本处在选用时为这部分确立了一个新的标题。

好学生,造成交往出现片面性,把一些成绩差的同学排斥在外。所以我想通过开展"寻找美"的活动,让学生认识到每个学生都有精彩的一面,引导他们打破原来的群体,构建新型的小群体。

(1) 认识美——让学生懂得群体的每个成员都有精彩的一面

我让学生们在双休日外出寻找美。在周一的班会课上,有的带来了美丽的鲜花,有的带来了大海的图片,有的带来了雄伟的山峰的照片,有的放了一首动听的音乐,有的带来了城市变化的美丽景色……

我告诉大家,我也找到了美,然后展示了两份字迹都很难看的作业,但第二份与第一份相比有所进步。当时,学生们很是惊讶,认为老师弄错了。我告诉大家,这两份作业是同一位同学写的。大家突然明白了,"进步也是一种美",并向那位同学报以热烈的掌声。

在讨论中,学生们渐渐明白"美"有很多种:景色好看是美的,动物可爱是美的,音乐动听是美的,进步也是美的……美在处处,处处有美,美就在我们的生活中,美就在我们的班级中,美就在我们每个人的身上,就看我们有没有用眼睛去发现。

(2) 发现美——让学生了解群体之外同学们精彩的一面

接着,我们开展了"寻找身边的美"的活动。班会课上,学生们都交流了各自好朋友身上的"美":成绩好是美的,劳动好是美的,动手能力强是美的,动作快是美的,乐于帮助同学是美的,善解人意是美的……几个男生小群体还探讨了朋友的"美"促使了自己的进步、和动作快的同学在一起促使自己的速度也加快了、在成绩好的同学的帮助下自己的成绩进步了、知识面广的同学让自己增长了许多知识……

交流活动让学生们不但了解到自己群体内的成员的优点,还发现了群体之外同学们的精彩。例如,由于男生小群体不排斥学习成绩差的同学,在互相"美"的影响下,这些同学学习进步了,思维也发展了,于是,那些原本自我感觉很好的女生小群体开始陷入反思之中。

(3) 展示美——让学生在群体之外有更多的朋友

我们召开了主题班会"更美的是——"。结合各个小群体中不同的兴趣爱好,通过让各个不同群体互相交流,各个小群体发现了对方的精彩之处,加强了班级中各个非正式群体之间的沟通。在主题班会上,有的小群体表演了他们喜欢的流行歌曲联唱,有的小群体介绍了他们喜欢阅读的图书……

在交流的过程中,学生们发现:自己所不熟悉的群体,原来也有许多令人佩服的地方。他们开始慢慢地用欣赏的目光注视对方,表示愿意与对方交往。他们体悟到每个同学都有值得交往的"美",开始尝试着与另一些学生进行交往……有个成绩较差的女生由于体育特别好,竟然有三位成绩好的女生主动去和她交朋友。

就这样,群体之间开始互相交往,打破了原有的三类群体间(成绩比较好的、成绩中等的、成绩排在班级末尾的)明显的界限,学生从自发地择友提升为自主地交友。班级女生小群体的结构发生了改变,出现了不同的类型,有兴趣组合型、取长补短型、异性互补型……

(4) 创造美——让学生在群体的交往中共同成长

我们还通过系列活动,把非正式的小群体成员的互相交往,提升到对他人、对集体的热爱与责任上,促进了班级整体的进步。

我们首先开展了"什么是好朋友"的调查活动。有的采访五年级的学生——在与朋友的交往中,你最欣赏哪种行为? 有的采访本班同学——在与好朋友的相处中,你最不欣赏什么行为?

然后通过主题班会"我们都是好朋友"进行交流。在交流讨论中,学生们懂得了好朋友的真正含义:当朋友有困难时会主动地帮助、当朋友有缺点时会真诚地指出、当朋友碰到挫折时热情地鼓励、当朋友有优点时会虚心地学习……

主题班会后,一些男生主动去找那两个行为表现不够好的男生,真诚地指出他们存在的问题,希望他们能改正,并表示愿意和他们重新成为好朋友。这两个男生感动得哭了,表示一定会改正缺点的。

然后,同学们主动提出,开展"送一份礼物给好朋友"的活动,同时指出朋友身上一个不美的地方,让其变得更美。那天中午教室里十分热闹,学生们都收到了一封短信,每个收到礼物的同学,又都制定了一份"让自己更美"的计划回赠对方,如,每天跑步、读英语、记日记等,并邀请好朋友做自己的后援团,共同实现计划。

学期结束时,我们还召开了主题班会——"夸夸我的好朋友",汇报了好朋友进步的情况。

通过这样一系列的活动,慢慢地促使各个小群体在互相交往中共同进步。

陆老师说:"在上述努力中,我们班级的小群体发生了很大的变化。各类小群体的结构不再是单一的,而是呈现出多元化状态;各类小群体的目标与班级的目标达成了一致,各类小群体的成员都在向优质化方向发展。"这就见证了发展问题的解决过程确实是学生获得真实发展的过程。

(二)从案例来看运用教育思路时的具体创造

上述案例让我们看到:班主任需要针对具体的问题采用具体的行动,包括组织学生开展一次又一次的教育活动。此时,需要注意到,只有在开展具体活动、解决具体问题的同时,自觉运用整体性的教育思路,才有可能把一件件"小事"做出"大气魄"。我们已在第二章中从理论上理清了班级管理的教育思路,现在,我们就可以结合案例来分析如何在具体场景中创造性地运用教育思路。

我们已经论证过,在辨析班级管理中的教育思路时,应该以发展问题的解决过程为单位。这要求我们结合学生发展的实际(包括每个学生、每类学生的实际),创造性地选择"发展问题",并在解决每个发展问题时自觉运用体现教育真谛的教育思路。在此基础上,我们不能把教育思路直接等同于技法层次的"操作模式"或"工作程序",而要根据不同发展问题的实际情况灵活地运用(而不是机械地套用)教育思路。就上述案例来说,我们至少可以得到如下三个方面的启示:

1. 同一项活动可用来同时解决不同发展问题

这就是说,对于同一项活动,可以从不同视角看到其中蕴含的多种"发展问题"。这里说的视角,既包括不同的发展主体的视角,也包括同一类主体面临的不同发展可能性的视角。当然,实际上,这两方面的视角往往是结合在一起的。

例如,从整体上来看,上文的案例呈现出的前后开展的各项主题活动(实际上就是我们在前文所说的系列"大项目"),汇集起来就是"寻找美"这一持续一个学期的教育活动。从这个学期来看,这一持续开展的教育活动致力于从班级整体发展的角度解决"促使各个小群体在互相交往中共同进步"这一发展问题。如果从某一个小群体的角度来看,也许他们可以自主探索解决"在保持已有友谊的同时创造更多的美"这个发展问题。类似地,如果从学生个体,特别是需要重点关注的有独特发展需要的学生个体的角度,也许又可以看到"(男生)利用自己正直、聪明的特点,帮助暂时显得比较孤独的同学""摆脱孤独,结交好朋友"等更为具体的发展问题。

从不同视角可以看到不同的发展问题,这就意味着同一项活动有可能同时存在多个展开"敞现—辨析—选择—生成"教育思路的角度。就每一个角度来说,这一教育过程都可能是成立的(见图3-1)。

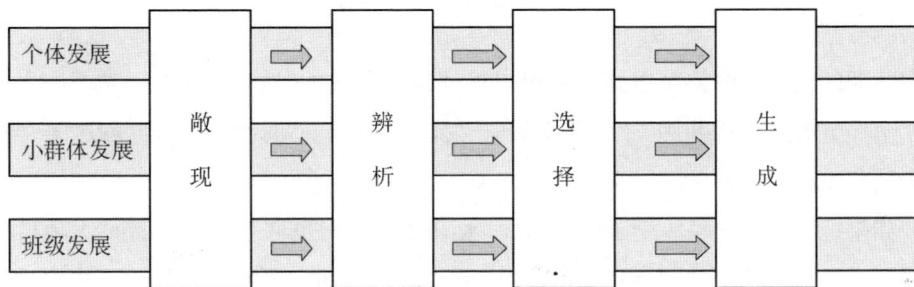

图3-1 同一活动中不同角度的教育过程

2. 一个发展问题可分成更为具体的发展问题

在实践研究中我们发现,同一个"发展问题",可能因涉及的因素较多、延续的时间较长,而分成不同的小的"发展问题"。于是,在一个长期的由"敞现—辨析—选择—生成"构成的全过程中,又存在较短期的"敞现—辨析—选择—生成"过程。例如,在一个班级一个学期的整体发展过程中,为了改善班风、学风,会在较大的范围内考虑到更丰富的因素,构成一个较长的"敞现—交流—辨析—提升"的教育过程。其中,在作为"敞现"这个大环节(或其他大环节)组成部分的一次主题班会中,一个解决某个学生思想问题的活动,甚至是一次谈话,都有可能出现不同规模、不同层次的"敞现—辨析—选择—生成"的教育过程。这可用图3-2来表示。[①]

在上述案例中,持续一个学期"寻找美"的教育活动包括先后实施的几个"大项目"("认识美"——"发现美"——"展示美"——"创造美"),就是为了解决"促使各个小群体在互相交往中共同进步"这一班级层面的整体发展问题。稍一辨析,我们就可以看到,在几个"大项目"之间贯穿着一个总体的教育思路。我们可以再进一步审视:持续

---

① 形成这一示意图的灵感,源自杨小微教授提出的学校运行机制示意图,可参阅杨小微、李伟胜、徐冬青著:《"新基础教育"学校领导与管理改革指导纲要》,桂林:广西师范大学出版社,2009:58。

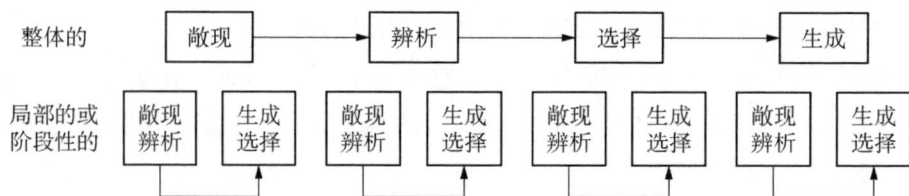

图 3-2　不同层次(规模、阶段)的教育过程

一个学期的这个总的教育思路是否可以见证前文所说的"敞现—辨析—选择—生成"这四个环节的逐步展开呢?"认识美"——"发现美"——"展示美"——"创造美"与这四个环节是否有某种对应关系?

如果把眼光投向每一个阶段实施的"大项目",我们也许会发现,每个"大项目"都选择了一个更为具体的"发展问题",并且也展开了"敞现—辨析—选择—生成"这样四个环节。例如,"展示美——让学生在群体之外有更多的朋友",大致相当于整个学期总的教育思路之中的"选择"环节。在这一"大项目"中,要解决的具体的发展问题是,"走出已有的小群体与更多同学交往"。在这个"大项目"中,我们可以看到:首先,主题班会"更美的是——"及相关的交往活动提供了沟通机会,用来"敞现"不同小群体自认为更美的交往内容;其次,在敞现更多资源的同时,同学们开始在相互欣赏中"辨析"、体悟每个同学值得交往的美;再次,他们作出了新的"选择",用欣赏的目光来看更多的同学,并表达交往愿望,开始了群体之间的新交往,从而打破了原来的三类小群体的明显界限;最后,每个学生都"生成"了发现美的眼光和主动交往的能力,小群体也"生成"了新的交往格局,整个班级也"生成"了更高境界的文化氛围。在此基础上,就可以顺势开展"创造美——让学生在群体的交往中共同成长"的活动了。

实际上,在每一步解决不同发展问题的过程中,如果更自觉地参照这种"敞现—辨析—选择—生成"的教育思路和相应的学生发展机制,我们就有可能让班级建设中的教育活动产生更明显的教育价值,特别是让同学们通过"群体交往"激发每一位同学"个体自主"的教育价值。于是,班级建设也就因此而具备了更鲜明的专业特征——不亚于学科教学专业性的专业品质。

3. 一个发展问题可能需要在不同阶段多次运用教育思路

这就是说,同一个"发展问题",也许会在不同的发展阶段经历多次的"敞现—辨析—选择—生成"过程。这既有可能是同一层次的教育活动的反复进行,因为有些发展问题可能需要多次努力,包括从不同角度(但属于同一层次)作出的努力才能解决;也有可能是不同层次的教育活动的依次进行,犹如"螺旋上升",在每一个"螺旋"中都存在着不同的"敞现—辨析—选择—生成"的教育过程。我们可以从很多学生、班级发展的历程中看到这样的过程,甚至还有在同一个层次上反复多次、经历多次循环的情形。我们可以通过图3-3和图3-4来说明上述两种情形。

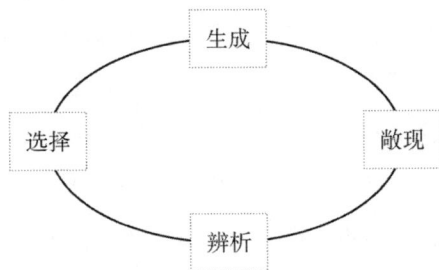

图3-3 同一层次的多次教育过程

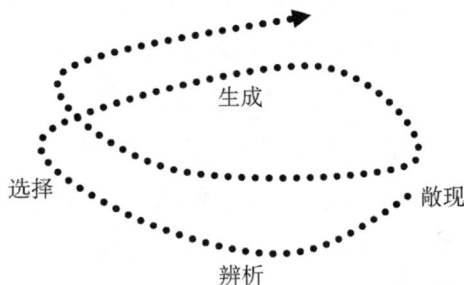

图3-4 "螺旋上升"的多次教育过程

就上述案例来说,每个"大项目"其实都属于"寻找美"的活动,只不过,在不同的阶段,"寻找美"所针对的具体问题、找到的内容、交流的方式等都各有侧重点。因此,就"寻找美"、进而解决"促使各个小群体在互相交往中共同进步"这一整体性的发展问题来说,我们至少可以看到"敞现—辨析—选择—生成"的多次循环带来的"螺旋式上升"。当然,从整个学期来看,也许在其中某个阶段,需要在同一层次、针对不同学生或不同的具体问题,反复运用"敞现—辨析—选择—生成"这一教育思路进行多次教育。

上述这三点启示,虽然难以涵盖创造性运用教育思路的所有具体场景,但足以让我们看到:一个拥有博大胸怀且充满教育智慧的"智慧型班主任",简直就像一部交响乐的作曲家,或一个乐队的指挥,同时关注着每一个班级成员、小群体和整个班级的发展,让不同角度的发展问题都得到关注和不同"响度"、不同"节奏"、不同"速度"的解决,让不同的学生可以奏响属于自己的"生命旋律"或"青春之歌",并让不同主体在班级中的发展汇集成一部充满自豪的"交响乐"。在这样壮丽的事业天地中,班主任需要结合班级生活中的各种具体场景作出创造性的选择(而不是简单地搬用自己或别人已有的现成经验）。这既需要具体而灵活地运用教育思路,同时又需要超越琐碎的事务处理,将其融入学生发展的整体格局。这就是说,班主任的教育思路应该同时兼顾具体创造和宏大气魄这两个方面的风景。

二、超越具体场景形成长期规划

要让"智慧型班主任"的教育思路在关注具体创造的同时拥有开阔视野,乃至拥有宏大的教育家气魄,这就需要在具体创造时从两个方面创建班级管理的整体格局:其一是在一个学期中构建班级教育的整体格局,充分挖掘班级生活中最重要的教育资源——学生的群体交往,而不只是依赖师生交往来解决一个个具体的问题,这是我们在探讨教育思路时反复强调的;其二就是班级发展的长期视野,即超越具体场景,着眼于一个班级一学期、一学年,乃至几年的长远发展,形成一种长期规划的意识,并在逐步积累经验的过程中形成相对成型的、能够代表班主任个人教育思想和一个学段的学生发展需要的班级教育长远规划。

在这方面,一些优秀教师的专业经验可以给我们带来许多启发。我们可以在此基础上,结合教育思路的综合运用,形成新的长远发展的视野。

（一）优秀教师的专业经验:从成长史的角度关注学生发展

特级教师任小艾曾经在她的报告中讲到一个女孩写的日记,题目就是《初中生"三步曲"》[①]。

初中一年级:好像一下子长大了许多,对新的学校充满了新鲜的占有欲,再也不怕小学的班主任,甚至于敢趾高气扬地走到他面前像对同辈人一样地对他说,怎么样了,近来你好些了吗? 课上老实得像只猫,课下什么都忘了。有时爱掉眼泪,说话的声音小得像蚊子,但是对于周围的事却从来没有在乎过。

初中二年级:才觉得过去的事有些荒唐,偶然间又会否掉一个曾经坚信不疑

---

① 任小艾:《教师素质和班主任工作艺术》,http://www.wsbedu.com/jia/cnedu.asp? wai=13&wai2=ren。

的真理。仿佛才开始凝望世界，呆呆地却觉得比过去懂的多了。

初中三年级：最讨厌别人对你说：小孩子，你今年十几了？再也不习惯大人摸自己的头，却总希望握握别人的手。仿佛仍摆脱不了孩子的模样，于是总琢磨着怎么样使自己看上去更大一些。只要愿意，什么事都做得出来。从来没有过的心理：不愿意承认错误，哪怕是认识到错误，也要装出一副满不在乎的样子，背地里再偷偷地去改。

我们可以从学生的这篇日记里读出初中生的年龄特征，读出他们自我意识的成长过程。在这里，我们还可以读出学生在初中阶段的每一年都有不同的发展需要和发展内容。不过，坦率地说，相当多的班主任在班级管理中往往缺乏对学生年龄特征的研究，更不用说针对一个具体的班级一个具体的学期、学年或连续几年中不同阶段的细致分析。结果，他们对学生常说的话，似乎放在十年前、二十年前，甚至五十年前都是合适的，也似乎适于用来教育小学生、初中生、高中生或任何一个年级的学生，这说明他们也许不缺通常所说的爱心、勤奋、奉献，但缺乏真正有专业品质的爱心或班主任独特的专业智慧，还缺乏对这个时代、这个班级、这个学生、这个阶段的用心研究和专业思考。因此，如果一个班主任真的希望用心去从事教育工作，就需要用心去琢磨：如何研究并引领每一个学生实现每个阶段独特的新发展？如何将一个阶段又一个阶段的成长带向更为开阔的空间、更为长远的发展？这就需要从学生生命成长的历史视野中来关注学生每一天、每一学期、每一学年的发展。

在这方面，魏书生和李镇西两位特级教师的一些做法，可以让我们看到他们在这方面的专业经验。

将近 10 岁的《班级日报》[①]

魏书生

1983 年 10 月，我看《营口日报》，脑子里突然产生一个念头：国家有《人民日报》，但我们省还办《辽宁日报》。那时我们归营口市管，市里也办有《营口日报》。

---

① 摘自魏书生：《班主任工作漫谈》（第 4 版），桂林：漓江出版社，2005：126—135。

不同部门办的报纸有不同的宣传重点,起到了促进本地区两个文明建设发展的作用。我们班级不也像一个小社会吗?班级若办一份日报,一定有利于提高班级管理自动化的能力。

我和同学们说了自己的想法,同学们热烈赞同我的建议。1984 年 1 月 10 日,第一期《班级日报》由团支部书记刘勇同学办成了。

先由几位班干部带头办了 5 期,以后,就按学号轮流,每人办一期,每天轮到一个人。

......

这样及时反映班级学习生活的报纸,每天一期,报上的内容给同学们以启迪,以教育,好的激励同学向上,不好的苗头给同学们敲响警钟。

《班级日报》像一切新生事物一样,有一个逐渐走向成熟的过程。随着年龄的增长,日报一天比一天好。到日报八周岁生日的时候,班规班法中关于《班级日报》的法规增加到了 10 条,这意味着,日报比昨天更完善了。

......

翻开一期期日报,会感受到学生创造思维的火花在闪耀。不要说栩栩如生的画面,不要说五彩缤纷的构图,不要说异彩纷呈的栏目内容,也不要说千变万化的报头题字与位置安排,单是版面设计,就不能不使人佩服同学们的创造力:有的把整个版面设计成一个人的头像,用不同颜色的彩笔写字,使头像显露出来;有的将版面设计成一只蝴蝶,远远看去,整张报纸似一只蝴蝶欲翩翩起舞。......

班级每天出一期这样和大家息息相关的报纸,其教育作用是不言而喻的。

对于办报的编辑呢,不也是一个全面受教育的过程吗?!

到外地,我喜欢介绍我们的《班级日报》。我班级管理的许多具体做法,我都建议人家无需照着做,我只是抛砖引玉。而对《班级日报》,我却不谦虚地到处宣传,到处劝人家办,谁办谁受益。

我甚至设想,全世界的教学班如果都办班级日报,届时搞一次世界性的《班级日报》大赛,则功莫大焉,善莫大焉!

魏书生老师组织学生办《班级日报》的直接灵感源自《营口日报》等新闻报纸,看到

后者在宣传工作和促进文明建设方面的作用,因而决定用《班级日报》来提高学生自动管理班级的能力,这为释放学生的创造力提供了一个新的空间。不仅如此,由于报纸的内容与大家息息相关,因此办报的过程也有着全面教育的作用。这样日积月累,可为班级发展带来的好处肯定不少。从当代"智慧型班主任"的视角来看,像这样让班级管理和同学们的表现进入到一个"日报"的文化空间,由此纳入到一种长程的历史视野,这也许是我们从思维方式,而不仅仅是行为方法的角度可以看到的一种教育效果。

编撰班级史册的意义①

李镇西

在每个班毕业前夕为学生编撰班级史册,已成了我当班主任的"保留节目"。当为 84 级一班编印《未来》(一)时,还只能用铁笔在蜡纸上一个字一个字地刻写,然后自己手摇滚筒油印,最后发动全班学生一起装订。而到了编撰《恰同学少年》时,我们的班级史册就已经是一本激光照排、烫金硬封的精装书了!这些书,对我来说,是我教育历程的足迹;对学生来说,则是他们青春的纪念碑。

这里所说的"班级史册",是全班学生共同撰写、编印的反映班集体三年来各方面情况的"班级风采录"。班主任组织、指导学生编撰"班级史册",很有意义。

(一)围绕编撰"班级史册",可以引导学生更加热爱、关心班级,把班集体建设得更加美好。虽然编撰"班级史册"是毕业前最后一学期的事,但"班史"的书写却在班集体组建的第一天便开始了。……班主任在与新生见面之初,便可提出编撰"班级史册"的设想,以激励学生在未来的集体生活中以行动认真写好"班史"的每一页。从某种意义上讲,前五学期都是编撰"班级史册"的准备阶段,而这同时也就是班集体的建设过程。

(二)通过编撰"班级史册",可以强化、巩固学生已经形成的集体情感与集体观念。在一些班级,随着毕业的临近,班集体开始涣散……怎样使班集体在最后阶段仍保持良好的风貌呢?编撰班级史册是一种有效的方法。学生在编撰班级史册的时候,对班级往事的回顾,最能激起他们对心爱集体的依依不舍之情。五

---

① 摘自李镇西:《做最好的班主任(修订本)》,北京:文化艺术出版社,2010:16—19。

十多位同学所表现出来的这种共同的感情，会使班级的凝聚力空前强大。这有助于班主任以集体主义教育为中心，对学生进行毕业教育。

（三）学生拥有一本"班级史册"，就拥有了一份丰厚的精神财富。毕业之际，学生领取毕业证书的同时，又得到一本凝结着自己心血的班级史册，其心情之激动是无法形容的，因为这无疑是把集体生活与集体精神永远留在了身边。对学生来说，这是一座标志自己健康成长的里程碑，是一枚体现自己纯真品格的人生纪念章，是一段珍贵的回忆，是一份炽热的情感，是一串闪光的脚印，是一颗晶莹的童心……"忠实于少年时代的友爱、热情和誓言，这是人生最严肃的事情。"学生告别了同学，告别了班主任，告别了母校，但手中的班级史册激励着他永葆童心，走向成熟！

（四）班主任拥有一本班级史册，是拥有了一份对全班学生进行教育的生动教材和总结自己教育经验的素材。每一个学生只有一次中学生活，但班主任却要和不同学生经历一次又一次的中学生活，因此，班级史册对班主任来说，就不仅仅具有纪念意义，更具有教材意义。新生进校后，在组建集体的过程中，上一年级的班级史册，便成了对学生进行集体主义教育的生动教材……同时，这无形中也为新班级树立了一个榜样。

李老师组织学生编撰班级史册的工作思路，从他所带的班级组建之时就开始发挥作用了。对于我们来说，这种从一开始就有的"历史"视野让师生更为关注班级中发生的每件事的成长价值，关注每个阶段获得的真实成长，这是很值得每位班主任借鉴的一种思想策略。

上述几位特级教师的一个共同关注点就是从学生生命成长历史的角度来考虑学生的成长和班级教育、班级生活中的每一件事。这也将许多人说的"为学生终身发展负责"化为具体、真实且有气魄的教育家的战略眼光。在这样的长远眼光之中，做好每一件小事、对学生充满爱心、创建民主的生活方式就都有了更为开阔的视野、更为高远的意境，值得我们欣赏和学习。

与此同时，我们还可以继续思考：在"关注"、"记录"、"编撰"学生成长历史、班级发展历史的基础上，激励学生更为主动地"开创"班级发展的新历史、"创造属于我们的精神史诗"，这个可以有吗？

（二）"智慧型班主任"的新视野：在新的思路中敞开战略空间

实际上，上述几位特级教师的经验表明：真正具有专业素养（而不只有通用于其他职业的爱心与勤奋的品质）的班主任，会更为关注和促进学生的主动发展。换言之，他们会有意识地用更为合理的教育思想来关注学生成长，激发学生的生命活力。我们常常见到一些班级在学科学习之外，只有"不自觉的自然生长"和"由教师强势引导下的被动发展"（包括服从管束和接受灌输，尽管这也许会被美化为"行为规范的养成教育"或"对长辈的感恩教育"等），相比之下，"智慧型班主任"所追求的就是在民主的班级氛围中遵循符合教育真谛的发展之道，让学生实现"更为自觉的主动成长"和"在教师智慧激发下的主动发展"。沿着这样的方向去探索，我们就有必要尝试：激励学生更为主动地"开创"班级发展的新历史，"创造属于我们的精神史诗"。这就意味着，正在实现社会转型的当代中国需要的新型班主任应该在把握和运用新的教育思路的同时为学生，也为自己的专业发展敞开新的战略空间，而不是拘泥于勤奋忙碌着的琐碎事务，或陶醉于"蛙之井底"的原始生态。

沿着这个值得探索的新方向，"智慧型班主任"可以作如下两个方面的尝试：

1. 理清教育活动的主线，形成一个学期的发展计划

（1）着眼于学生"成长性需要"，形成一个学期的教育主题

学科教学有明确的知识体系，可成为教师设计和实施教学活动时的参照系。相比之下，班级管理则少有可靠而清晰的"外在参照系"①。因此，班级教育活动更需要将视线从"外在的参照系"转向"内在的参照系"，即以学生自身的发展规律作为参照系。这就意味着，成功的班级管理的关键前提，就是对学生的研究。沿着这个思考方向，在致力于以战略眼光运用教育思路时，首先就应该充分发动学生自主辨析一个学期的发展主题。

为此，我们可以综合运用各种调查研究方法，着眼于带领学生研究班级，并在此基础上分析学生当前的发展现状、辨析他们的发展需要，并在此基础上提炼出一个学期的班级发展主题。此时，尤其需要参照学生的三层发展需要（缺失性需要、维持性需要、成长性需要），努力关注、激发和提升学生的"成长性需要"，鼓励学生主动参与班级教育主题的辨析和选择。此时，有必要强调两个基本的原则：其一，研究学生发展需要

---

① 参阅陈桂生：《也谈"了解一个真实的德育"》，《上海教育科研》2002(11)。

的过程,不仅仅是教师对学生的了解过程,更是学生了解自己、自我成长的过程。这与第二章所说的教育思路中对"敞现"的强调是一致的。其二,师生一起分析学生发展需要、辨析发展主题的过程,不仅是对学生现有特征的旁观者式的静态了解,更是教师和学生通过相互合作,对学生未来发展需要的动态把握。为此,应该以超越现状、提炼出新的发展主题为指向来研究学生,而非以满足于维持现状,甚至只是完成上级规定的事务为指向。

广东省佛山市南海区九江中学的王剑平老师是我们在探索建设"民主型班级"时的合作者之一。依据上述构想,他和他的学生一起对本班一个学期的发展基础和发展目标进行了分析。

高二(8)班班级发展计划(上)①

一、班级发展基础

(一)班级发展现状

2008年下学期,本人新接高二(8)班,这是一个理科班(全级共10个理科平行班),共有学生57人,其中男生38人,女生19人;走读生8人,住宿生49人。分班时按照平均分配原则、电脑排序,我班学生居全年级前10名1人,前100名10人,总平均分全级第4。本班也分得四个"金刚"级人物:其中一个沉溺于玩手机,一个是人们眼中的"睡仙",一个有所谓的"早恋倾向",还有一个"懒王"。

总体来看,学生们在思想上有些波动,班级凝聚力不强,学习劲头不足。出现这种情形的部分原因是:进入高二,刚经历文理分班,原来的班级体制已经完全被打破,所以他们或多或少地会怀念起过去班级的老师或者同学,一时间还找不到归属感,对新的班级心存疑虑,同学之间也有所戒备,对班主任也持观望态度。学习上,一时也还难以适应老师的教学,也因为陌生而不便主动去问同学和老师。

从正面来看,高中生总体上具有越来越明显的自我意识,并且很在意与同伴的交往,尤其是亲密同伴。在这一阶段,如果他们的尊重需要得到满足,他们就有

---

① 这是广东省佛山市南海区九江中学的王剑平老师在2009年参加"佛山市名班主任培养对象研修班"时提交的研修作品之一。

可能对自己充满信心，对社会满腔热情，体验到自己的价值，就会有自尊。以这种心理需要为基础，学生们大多愿意把自己承担的工作做得更好、把学习搞得更好，希望受到别人重视，借以自我激励，向往更好的成长机会。如果学生们的积极性被调动起来了，无论怎样落后的班级，都会在较短时间内改变风气。

（二）班主任的教育理念

对于教育来说，以人为本就需要以学生的终身发展、主动发展为本，以提升学生的生命质量为本。不求形式，但求每一个学生都能够先做好人，再做能人。为此，我希望把这个班级建设成为全年级最高境界的班级、全校最优秀的班级，让我们的每个同学都彬彬有礼，有气质、有教养。

我们学校的高中生虽然中考成绩不是最好的，但也不是最差的。综合来看，他们还是有很多可以开发的潜力。从我们所处的这个时代来看，在当今的经济大潮中，不少人常常怀念过去人与人之间那简单而淳朴的关系。千百年来，"内圣外王"就一直是儒道圣人们所追求的最高修身境界和政治理想。根据我多年的探索，可以把高中班级建设主旨确定为"内圣外王"，以期同学们通过自身德行的修炼和文化的学习，今后的人生路能够走得更顺，能够成就一番事业。具体来说，就是对内修身养德，力争成为"仁人"、"君子"，对外与人和睦相处，执着追求成功，力争实现自我，建功立业。

二、班级发展目标

（一）本学期发展目标

通过师生商讨，我们用八个词来表达"内圣外王"的核心内涵：正直、善良、进取、坚韧、乐观、宽容、和谐、成功。

从同学们的实际来看，学生的主要责任是学习，只有不断地增加学识，扎牢起飞的基础，"惜时善学"，才能实现人生理想。因此，我们把"内圣外王，惜时善学"作为治班理念和发展目标。"内圣外王"是我们的理想，没有理想的天空就不能飞翔，"惜时善学"是坚实的基础，没有基础就不能起飞。"内圣外王"解决的是"驾驶"动力和方向问题，"惜时善学"解决的是"驾驶"技术与技巧问题。

（二）班级发展主题（班级口号）——养浩然正气，做最好自己

有了浩然正气，邪气就不会近身，正气就容易树立。有了正气，班风就好了，

学风就容易浓厚。世界上没有完美的人,但是我们可以追求完美。我们与别人比较可能还有差距,甚至有很大的差距,或许有的一辈子也比不上,但我跟我自己比,我只要每天进步一点点,把自己的本分做好,尽可能地让自己更优秀,做个最好的自己是不难的。

我们可以设想:同样面对上文所说的"学生表现",其他班主任会带领学生作出上述的分析和选择吗?相比之下,我们可以看到:王老师在发动学生之时也在充分运用自己的专业智慧,这就让他们可以在将"超越现状、悦纳自我、成就自己"作为"发展问题"时达成共识,由此敞现出新的"发展需要"——利用学生自我意识日趋明显和成熟带来的潜力,让学生在交往中赢得尊重,形成信心。最后,他和学生一起选择的整个学期的发展目标是"内圣外王,惜时善学",相应地,整个学期的发展主题就是"养浩然正气,做最好自己",这就更鲜明地表达出学生新的"成长性需要"。

(2) 发动学生参与策划,整体构想一个学期的系列"大项目"

在致力于创建"民主型班级"时,我们特别强调发动学生共同制定班级发展计划,因为这是教育学意义上的"民主"得以落实在班级生活的一个关键因素。作为班级最重要的主人,学生必须逐步学会策划自己个人和班级的生活,而不是只服从于外在的权威。作为班级教育的另一主体,教师也不能仅仅满足于自己拥有的权威,即使权威的教师充满无限的爱心,他也不能因为这种权威而剥夺学生们的自主空间。在这方面,可以让学生参与到分析班级现状、辨析发展思路、策划发展措施等活动之中。为此,可以让学生通过周记、小组讨论、班会等方式,充分发表意见,贡献智慧。在此基础上,可以按照我们在第二章中提出的设想,整体策划一个学期的系列"大项目"。

例如,在以对班级发展基础和发展目标进行上述辨析的基础上,王老师和他的学生们作出的安排是:每个月聚焦一个活动主题,形成"系列大项目"的整体构想:①认识自己;②悦纳自己;③认识并悦纳他人;④此心安处是吾家;⑤在成长中成就自己。有了这样的整体构想之后,就可以初步设计每个"大项目"的具体内容和分工安排,协调沟通各个"大项目"之间的联系,并根据实际需要制定有弹性的总体方案——这是整个班级"一个学期的发展计划"的最重要的部分(见图3-5,其中,小方框中的内容就是每个"大项目"中的系列"小活动")。

图3-5　高二(8)班上学期班级活动的"系列大项目"

经过这样的策划,系列主题活动就可发挥如下作用:一方面,让前期从"学生表现"开始逐步展开的思考,包括对班级管理教育思路、民主交往方式的理解和运用,进入具体的现实活动领域,从而通过"活动"来切实促进学生的发展。另一方面,让丰富的活动资源得以整合,从而产生效率更高、境界更高的教育成果,见证学生通过自主活动解决一个个发展问题,因而实现一步步发展的生命历程。

(3) 以"班级活动"为主线,融通"日常管理"和"文化建设"

以"班级活动"领域的两层"系列主题活动"为主线,融通班级活动、日常管理和文化建设这三个领域,这是我们在前文已经充分阐述过的班级管理整体格局。如果能做到这样,就可以超越以往的班级工作格局(如依照上级部门工作计划而形成的公文式的班主任工作计划,或者将各项事务有欠章法地罗列在一起的杂务处理计划),不仅可以提炼出每个班主任独到的班级教育思想(尤其是适合新班级实际情况的具体考虑),与学生(尤其是班委会)一起分析班级现状、探寻新学期的发展目标和发展主题,而且可像上述案例所呈现的那样主动策划系列主题活动"大项目",进而围绕着系列"班级活动"这条主线,融通"日常管理"和"文化建设"。由此,班级发展计划中的第三部分"班级发展措施"就成型了。下文就是王老师和他的学生形成的整体构想。

高二(8)班班级发展计划(下)

三、班级发展措施

每月主题	主题活动	日常管理	班级文化建设
九月 认识自己	1. 讨论班级目标,酝酿班徽、班歌、班服 2. 内圣外王,惜时善学 3. 不知礼,无以立 4. 认识自己	1. 组建学习小组(4人一组,以成绩最优秀者为组长,组员基本固定不变) 2. 讨论并且确立班级建设目标,制定具体班规 3. 成立班委会(以毛遂自荐方式产生),并且进行第一次培训	1. 细化日常规范,养成良好习惯 2. 开始记录全班成长过程 3. 教室后面的黑板报每两周更换一次 4. 充分发动同学们参与绘制班徽,填写班歌的活动
十月 悦纳自己	1. 确立班徽班歌 2. 他山之石 　　——月考经验总结 3. 班级荣辱　我的责任 4. 悦纳自己	1. 总结上个月的得失,召开班干部扩大会议(班委、团委、课代表、舍长),形成新的发展设想 2. 分别召开男女生会议 3. 月考经验总结	5. 在11月份,与"认识并悦纳他人"的活动相应,每位同学写出同桌与老师的6个优点
十一月 认识并悦纳他人	1. 人不善良,行而不远 2. 认识并悦纳他人 3. 逆风飞扬 　　——调整考后心理 4. 评选前半个学期的"班级之星"	1. 总结期中考试得与失,召开班干部扩大会议,研讨具体措施 2. 组织并召开学习特别小组会议 3. 全情投入学校运动会	6. 在参加学校运动会的过程中,通过分工合作,增强班级凝聚力,同时赛出气势、赛出水平 7. 在12月份,主动选择项目,参加学校艺术节
十二月 此心安处是吾家	1. 心如规矩,志如尺衡,平静如水,正直如绳 2. 细节体现教养 3. 此心安处是吾家——学习心态与学法指导	1. 进一步完善班级制度 2. 班干部培训会议 ① 全面总结近一学期的工作 ② 做好最后一段时间的工作 ③ 继续加强自我思想修养	8. 主动寻找教育资源为我所用,如本校其他教室的讲座、故事;请已经毕业的优秀学生回校激励学生;更"请"电视中、网络上的专家讲修养、讲成才(如翟鸿燊的大智慧、王国权的高三励志、张景贵的时间管理、李开复的"做最好的自己")
一月 在成长中成就自己	1. 反思总结自我(自评与评他) 2. 考前动员(诚信答题、答题技巧)	1. 评选各类先进和班级之星 2. 完善期末各种表格和自我评价与评他工作 ① 填写"成长的岁月"表格 ② 学习"班级之星评选方案"	

可以看到,经过上述整理,各种具体的琐事都被整合到班级发展的整体格局中,而不再由班主任零打碎敲地处理,更不会使班主任疲惫不堪地应付。

当然,就上述这个案例和相关的经验来说,其中肯定还有值得改进的空间。但是,我们在这里更应看到,并努力探索的大方向是:以研究学生发展需要(特别是"成长性需要")为基础,提炼出一个学期鲜明的发展目标和教育主题,进而针对这样的目标,策划系列主题活动("大项目")。与此同时,围绕着系列主题活动这条工作主线,融通"班级活动"、"日常管理"和"文化建设"这三个工作领域。

2. 参照一个学段的发展需要,形成连续多年的长期规划

形成一个学期的发展计划,可以让值得倡导的教育思路得以融入班级生活的各个方面。在此基础上,我们可以把目光投放到更开阔的天地,让任小艾、魏书生、李镇西等特级教师和诸多充满创意的班主任的经验激发出来的豪情壮志释放到更辽阔的空间。

在这方面,"新基础教育"的班级建设研究和在此基础上形成的"学生发展研究"已经创造了诸多成果,例如,在"形成生命成长的全程意识"、"实现成长教育的系列性"①等方面取得了系统的理论认识和实践经验,这可以给我们带来很多启发,值得进一步学习、研究和探索。下面,就是其中一位老师对小学六年中每一年级的学生活动的全程描述。这也是这个班独特的班级文化的建设过程,和全班同学生命成长的精神史诗!

建设班级"SHEN"文化②

一年级:神——做一名神气的小学生

学生刚刚进入一年级时,会在入学之初对丰富的学习活动产生兴趣,但持久性不强,自控能力较差,注意力容易分散;在接触群体规范,需要遵守学校、班级生活的规则时,经常会出现"违规"现象;伙伴间交往以"玩"为主题,且常出现打闹、告状现象。为了让孩子逐步适应学校生活,走好学校生活第一步,"做一名神气的

---

① 李家成等著:《"新基础教育"学生发展与教育指导纲要》,桂林:广西师范大学出版社,2009:72,77。
② 原文为常州市第二实验小学白露:《构建个性的班级文化,追求生命的整体成长》,载于李家成等著:《"新基础教育"学生发展与教育指导纲要》,桂林:广西师范大学出版社,2009:98—100。

小学生"也就成为班级的口号。

怎样当一名神气的小学生呢？我设计开展了四个主题活动："我是懂礼貌的神气娃"、"我是爱读书的神气娃"、"我是守纪律的神气娃"、"我是能独立的神气娃"等。

二年级：伸——伸出双手，小手相拉，伸展才能，共同成长

到了二年级，学生已基本适应学校的学习生活，他们开始期望能取得好的表现和成绩，从而受到其他同学的关注，或者期望得到教师或家长的赞扬。学生非常喜欢集体活动，有着和同龄伙伴交往游戏的强烈愿望和心理需求，但是方式和方法常常成为其达成目的的障碍，他们很容易在交往活动中受挫，并产生消极情绪。于是通过建立或依托小队，强化学生合作意识和集体意识，指导学生关心和帮助其他伙伴，在活动中分享伙伴交往的乐趣，体验快乐学习的乐趣，成了创建班级文化的目标。"伸"也就走进了当时二年级学生的心里。"伸"的内涵就是——伸出双手，小手相拉，伸展才能，共同成长。

这一年级开展的系列主题活动包括以下内容："树叶剪贴绘画"、"同题绘画比赛"、"儿歌童谣传唱"、"诗歌朗诵表演"、"夸夸我的组员"、"合作性组织岗位服务竞赛"等。

三年级：慎——严谨慎重，规范言行

进入三年级，学生从儿童期转入少年期。注意力、观察力、记忆力全面发展，思考问题从单一、幼稚向复杂、多元过渡。学生集体主义观念增强，乐于交往。生活范围进一步扩大，增强了学生独立自主的意识，想要逐步摆脱对成人、老师的依赖心理。学生学习活动的游戏性特征明显减少，学习过程的组织性、认知过程的规范性、严谨性增强。因此，在这一阶段需要重点帮助学生适应中年级学生生活，给予他们一定的指导和帮助，培养学生良好的学习态度和习惯。在师生共同商讨后，决定这个年级用"慎"来规范自己的言行，遇事要分清对错，做事要有原则，要严谨慎重，养成好的学习和生活习惯。

这一阶段开展的主题活动有："我的自画像"、"笑对困难"、"我做小听众"、"我是快乐的社交家"、"我的游戏我设计"、"每日五问"（我好好走路了吗？我上课发言了吗？我书写进步了吗？我和同学友好相处了吗？我为班级做好事了

吗?)……

四年级:审——审视德行,明确目标

四年级学生自我意识增强,从众行为弱化,抵制诱惑的能力提高,崇拜对象多样化。学生有较强烈的自我表现欲望,心理上有一种我长大了的感觉,渴望表现自己的成长,有些自以为是。这一阶段的学生情感体验丰富,社会性成分不断增加,逐渐由对个别事物产生的情绪、情感逐渐转化为对同伴、对集体、对社会的情感,情感的细腻性、丰富性、敏感性的需要开始出现。于是"审"又走进了他们的生活和学习。

这一年级开展的系列主题活动有:"学会感恩"、"我们都是爱心小使者"、"我当主持人"、"心灵氧吧欢迎你"等。

五年级:渗——学科整合,个性渗透;绅——彬彬有礼,绅士风度

从进入五年级后,学生的活动能力已有了很大的提高,很多事情有自己的看法,反对大人过细的干涉。学生具有较强烈的竞争意识,比较关注竞争结果。部分女生身体开始发育,内心复杂细腻,男女生交往变得敏感起来。学生兴趣、特长差异表现更明显,学生个体之间、师生之间开始出现疏离,非正式群体的影响开始出现。通过和班干部与学生代表通过商讨,制定出文化建设目标"渗——学科整合,个性渗透;绅——彬彬有礼,绅士风度"。

这一年级开展的系列主题活动有"今天我当家"、"大手拉小手"、"挫折助我成长"、"经典诵读"、"与舞同行"等。

六年级:深——深入思考,深入生活;燊①——做一名阳光少年

目前学生已经进入六年级了,集体生活范围的逐步扩大,对时尚的东西比较关注,而且善于模仿,有自己的评价标准。学生学习压力加大。青春初期,学生的身心开始发生新的变化。针对以上年龄特点,班委在原有文化建设基础上又增加了两个目标"深——深入思考,深入生活;燊——做一名阳光少年"。

这一年级开展的主题活动是"感恩,生命之源"(感恩祖国、感恩学校、感恩身边人等)、"我选择我快乐"、"我是一名合格的毕业生"、"为母校留下什么"等。

---

① 燊,shēn,旺盛,炽盛。

在上述这个案例中,"班级文化"成为设计班级系列活动的一条思考线索,从而让文化建设与班级活动融通。透过这个案例,站在一名学生或一个班级的角度,我们可以看到一群学生在六年中充满朝气的生命历程。在这个过程中,新的希望空间就通过他们的自主探索、群体交往和教师的精心指导而不断开拓、生成。

类似地,在探索建设"民主型班级"的课题研究中,我们的另一个合作者邓碧兰老师也对高中三年的学生发展作了整体部署。

高中三年主题活动的系统策划①

德育有自身的特殊性。学科教学有纲有本(教材),但德育教育却是有纲无本,所以有些班主任将每周一节的班会变为纪律教育课、事务安排课或干脆就是自习课,这样做很难有好的德育效果;有些班主任也会时不时地上主题班会,但往往是想到什么就上什么,主题与主题的关联性和系统性不够强,这样也使主题班会的教育效果达不到最佳。要使教育效果最好,高中三个年级应按年级特点定下大的德育方针,每个年级再围绕这个方针结合学生生活、思想、心理的实际情况有针对性地构思出主题,使主题活动更具计划性和针对性。

我每接手一个高一新班首先会围绕"人生规划"这个主题开展活动。这个主题并不是单单为高一这一年确定,而是为整个高中阶段,乃至整个人生而确定。很多西方国家的孩子十一二岁就开始接受人生规划教育,就开始确定自己的人生目标,并围绕这个目标确定自己每个阶段的努力方向,但我们国家的孩子就缺少这样的机会;有些学生因为没有目标,认为考上高中了,该好好地放松放松,放松到高三才意识到要考上好大学,但一切都晚了。也有些学生,勤勤恳恳读了三年,高考也考到了好成绩,但却不知自己适合读什么专业,应该选择什么大学,这些都与我们的教育缺了人生规划教育有关。

通过人生规划教育,启动学生"定位"工作后,接着以"适应"为主题开展活动,使学生更快适应从初中到高中的转折,并开展与青春期心理和学习心理有关的主

---

① 这是广东省佛山市第二中学的邓碧兰老师在参加 2009 年"佛山市名班主任培养对象研修班"时提交的研修作品之一。

题活动,在将学生的成长代价降到最低的同时帮助学生点燃知识之海的航标灯。

鉴于现在的学生自我为中心的意识越来越强,学校和班级的规章制度甚至是国家的法律在他们的意识中就是一些文字,他们常常有意无意违反纪律甚至走上违法犯罪道路,所以高一阶段还应该围绕"遵纪守法"这个主题开展一系列的活动。

高二围绕"提升"这个主题,开展与情感调控和人际适应有关的主题活动,使学生在良好的人际关系氛围中能正视自己的成败与得失、学会如何利用和释放压力、学会控制情绪、学会选择等。

高三是每一个学生人生中非常重要的一个阶段,这个阶段的重要性不在于它决定了一个学生能不能读大学、读什么大学,而在于整个高三的备考过程,这个过程考验着每个学生的意志、毅力、心理承受能力、面对困难和挑战的应对能力等等。每一届的高三我都围绕一个主题来开展活动,这个主题就是"快乐高三",目的是培养学生任何时候都应该保持一个乐观的心态。

围绕这个主题我具体开展了《我的高三我做主》、《青春飞扬》、《分享》等系列活动。其中,《我的高三我做主》主要是征集班级励志口号、教室宿舍全新布置、班级事务和各项常规活动最优方案制定等;《青春飞扬》主要有成人仪式和百日冲刺两个大型活动;《分享》主要有学习方法、学习心得、学习过程中出现各种心理问题的交流和讨论,这个部分涉及的内容很大一部分是高二德育主题的实际应用和新的延伸。

通过上述这两个案例,我们看到了两位老师宽阔的专业视野和具有战略意义的发展眼光,这也在一定程度上见证了"智慧型班主任"所应具备的教育家气魄。在这样的开阔视野中,带领学生一步步解决成长过程中的发展问题,一步步敞现师生的生命活力,师生共享"民主型班级"中的高境界发展,当然就是可以期待的了。

在这一章中,我们从两个方面探讨了如何将班级管理的教育思路创造性地应用于具体的班级管理实践之中:一方面,结合具体场景进行具体创造,解决具体的发展问题;另一方面,要超越具体场景形成长期规划,引领学生实现一个学期,乃至更长时期的整体发展。如果一位班主任能够同时兼具"具体方法"和"战略眼光",从而得心应手地运用好班级管理的教育思路,那么,"智慧型班主任"的素养也就得以充分展现了。

结语

　　教育部在正式文件中规定"应将班主任工作作为主业"①,也有研究者明确主张将"班主任专业化"作为"教师专业化"的特殊类型②,但是,在真实的学校教育中,大部分班主任的工作情形远未达到应有的专业高度。经过持续十余年的研究,我们发现,其根源之一就在于班主任的职业素养往往被描述为勤劳奉献、充满爱心,甚至用生理意义上的无限勤奋来表现精神意义上的无限关怀。在我们看来,这虽可见证通用于所有非专业人士的职业尊严,但显然不足以见证作为一名教师的专业素养。

　　因此,为了切实提高班主任的专业水平,我们在本书中重点阐述了"智慧型班主任"之不同于"勤奋型"、"爱心型"班主任的关键特征——努力体现教育真谛的教育思路。

　　在这一教育思路中,体现教师专业智慧的"主导作用"和体现学生自主活力的"发展机制"不再被看作同一层次的教育因素,更不会用前者替代后者、遮蔽后者,甚至是压制后者,而是用前者激发后者、敞开学生的自主发展空间。据此,我们可以将教师的"主导作用"落实在"师生交往"之中,而"师生交往"的主要作用空间是激发学生的"群

---

① 教育部:《中小学班主任工作规定》,2009 年 8 月。
② 班华:《专业化:班主任持续发展的过程》,《人民教育》2004(15—16)。该期《人民教育》以专辑的方式介绍了班主任专业化的一些经验。

体交往",进而激活"个体自主",而不是让教师辛苦地面对每一个学生个体开展个别教育(个别教育虽然重要,但不应成为班主任工作的常态,而只应成为其特例)。

在这一教育思路中,"师生交往"被巧妙地融入到学生的"群体交往"和"个体自主"的发展格局之中。据此,我们可以期待学生得到更为开阔的自主发展空间、更为民主的交往空间,进而和教师一起共同创造充满活力的成长生态——"民主型班级"。

在这一教育思路中,"智慧型班主任"无需再用自己生理意义上的无限勤奋表现出对学生的精神意义上的无限关怀,也无需用自己一个人的无限爱心来直接照耀每一个学生的心田,因为他可以通过激活学生群体交往,进而激活每一位学生个体的内心,让他们在自己的心田里、在群体的交往中,不断生成生命的"阳光",和学生一起享受用智慧,而不是用体力来见证的生命尊严。

显然,要理解并掌握这样的教育思路,"智慧型班主任"有必要结合实践开展真实的、创造性的改革行动,并在此过程中系统地更新思维方式、教育思想、工作方法,展现代表新时代气息的新型教师的宽阔胸怀、宏大气魄和专业智慧。